0・1・2 歳児

子育てを支える

連絡帳の書き方&文例

古橋紗人子・藤本員子・田中三千穂・寺見陽子／監修・編著
保育とカリキュラム編集委員／著

日々の"連絡帳"に悩む保育者のみなさんへ

連絡帳の考え方や書き方の基本を押さえ、
たっぷりの文例を活用してみてください！
きっと、子育てを支える連絡帳が
書けるようになりますよ♪

本書の特長と見方

1 連絡帳を書くときの考え方や書き方の基本が分かる

保護者との信頼関係を育む、連絡帳の考え方や書き方のポイント、保護者に子どもの生活や遊びの様子・姿が伝わる文章のコツを解説。“子育てを支える”連絡帳の基本を学べます。

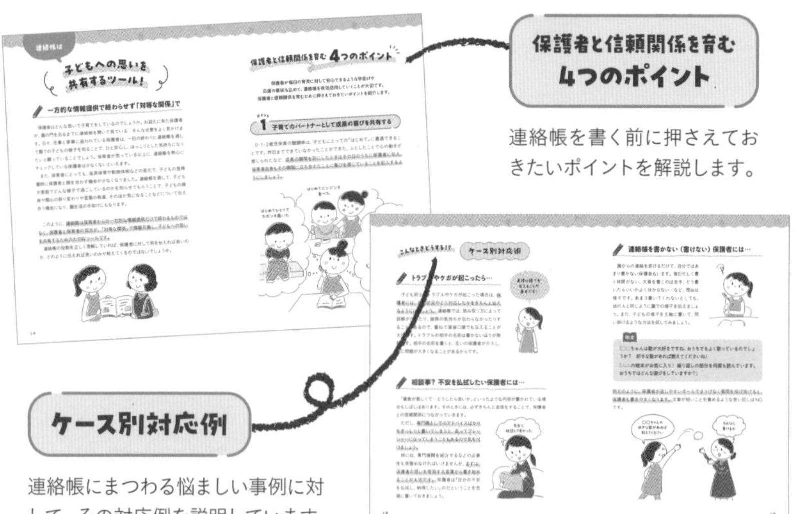

保護者と信頼関係を育む 4つのポイント

連絡帳を書く前に押さえておきたいポイントを解説します。

ケース別対応例

連絡帳にまつわる悩ましい事例に対して、その対応例を説明しています。

子どもの姿のイメージが湧く！ 文章のコツ

文章を読むだけで、保護者が子どもの生活や遊びの様子・姿をイメージできるかどうかは、“子育てを支える”連絡帳を書く上で大切なポイントです。その具体的な文章のコツを紹介します。

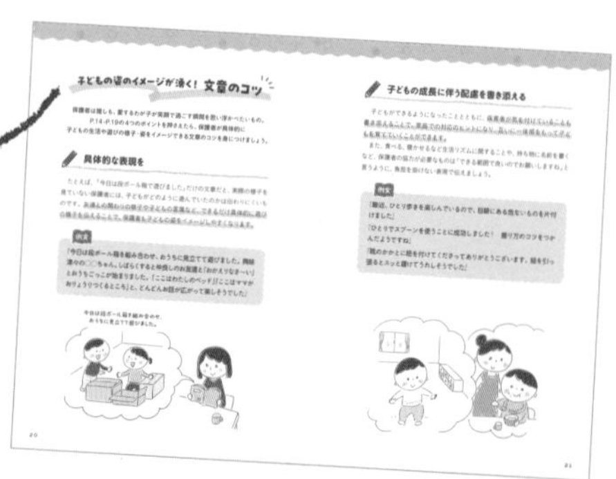

2 様々な保護者に対応した文例がたっぷり！

文例は「悩ましい連絡帳」だけでなく、「保護者からの共有・報告」といった内容も掲載しています。試行錯誤して子育てをする保護者への支援となる、連絡帳の書き方のヒントが見つかります。

子育てを支え・育ちが伝わるポイント

文例の中で注目したい箇所について解説しています。

3 子ども理解が深まる発達の解説付き

文例の子ども一人ひとりの姿について、発育・発達の視点から解説しています。保育のプロとして専門的な視点を得ることで、保護者へ子どもの姿を伝えるヒントになります。

キーワード 中耳炎 病院 薬 きょうだい

4 検索しやすい！

実際に連絡帳を書いていて悩んだとき、いろいろな文例からヒントを得られるように、検索用キーワードを入れています。また、月齢別索引も掲載しています。

[月齢別索引] ※抜粋

CONTENTS

0歳児の連絡帳

悩み・相談　共有・報告　発育・発達の視点から

生活・遊び

1歳児の連絡帳

 悩み・相談　共有・報告　発育・発達の視点から

生活・遊び

2歳児の連絡帳

月齢別索引

文例を読む前に
押さえておきたい！

連絡帳の
考え方・書き方の基本

（田中三千穂／元・大阪樟蔭女子大学）

連絡帳を書く上で大切にしたい
ポイントを解説します。
しっかり読んで基本を学びましょう！

連絡帳は

子どもへの思いを共有するツール！

一方的な情報提供で終わらせず「対等な関係」で

保護者はどんな思いで子育てをしているのでしょうか。お迎えに来た保護者が、園の門を出るまでに連絡帳を開いて見ている…そんな光景をよく見かけます。日々、仕事と家事に追われている保護者は、一日の終わりに連絡帳を通して園での子どもの様子を知ることで、ひと安心し、ほっこりとした気持ちになりたいと願っていることでしょう。保育者が思っている以上に、連絡帳を熱心にチェックしている保護者は少なくないといえます。

また、保育者にとっても、延長保育や勤務体制などの変化で、子どもの登降園時に保護者と顔を合わす機会が少なくなりました。連絡帳を通して、子どもが家庭でどんな様子で過ごしているのかを知らせてもらうことで、子どもの興味や関心の移り変わりや言葉の発達、そのほか気になることなどについて伝え合う機会になり、園生活の手助けにもなります。

このように、連絡帳は保育者からの一方的な情報提供だけで終わるものではなく、保護者と保育者の双方が、「対等な関係」で情報交換し、子どもへの思いを共有するための大切なツールです。

連絡帳の役割を正しく理解していれば、保護者に対して何を伝えれば良いのか、どのように伝えれば良いのかが見えてくるのではないでしょうか。

保護者と信頼関係を育む 4つのポイント

保護者が毎日の育児に対して安心できるような手助けや
応援の意味も込めて、連絡帳を有効活用していくことが大切です。
保護者と信頼関係を育むために押さえておきたいポイントを紹介します。

ポイント1 子育てのパートナーとして成長の喜びを共有する

0・1・2歳児保育の醍醐味は、子どもにとっての「はじめて」に遭遇できることです。昨日までできていなかったことができた、ふとしたことで心の動きが感じられたなど、成長の瞬間を目にしたときはその日のうちに保護者に伝え、保育者自身もその瞬間に立ち会えたことに喜びを感じていることを記入するようにしましょう。

ポイント

2 体調など健康面の変化は忘れず記載する

登園後の子どもの健康や様子に変化が見られたときは、些細なことでも記入するようにしましょう。ひと言でも添えておくことで、帰宅してからの参考になる場合も少なくありません。また、「ちゃんと見てくれていたんだな」と、保護者に安心してもらうこともできます。

こんな体調の変化に注意

- □ 体温がいつもより高かった
- □ せきや鼻水が出ていた
- □ 食欲がなく給食を残した
- □ 午睡が短かった
- □ 便が柔らかかった

など

例文

『午睡時に少しせき込み、いつもよりも早く目覚めました。午睡が短かったので、夜早くに眠くなるかもしれません。熱はなく元気で、給食も午後のおやつも完食しています』

ポイント
3 実際のエピソードを軸に保育の視点を添えて

園での姿をリアルタイムで見ることはできない保護者にとって、子どもがどう元気で遊んだかが分かるように書いてくれるとうれしいものです。子どもの様子をただ羅列して書くだけでなく、実際のエピソードを軸に、保育者の視点が保護者に届くように具体的に書きましょう。

例文

『友達と一緒にお人形遊びを楽しんでいました。人形の洋服のボタンを掛けたり外したりしている姿を見ると、ずいぶん手先が器用になったなぁと思いました』

ポイント
4 子どもの様子をポジティブに捉えて書こう

こんな表情が見られてうれしかった、こんなところに優しさを感じたなど、なるべくポジティブな面を多く見つけて、保育している者の立場で喜びを添えるように書く工夫をしましょう。もちろん、課題を書いてはいけないというわけではありません。その子ののり越えていくべき課題も含めて、連絡帳に文字として残す内容の全てが、最終的にはポジティブな内容になるように配慮したいものです。そのためには、保育者自身が常日頃から子どもの姿を肯定的に捉える姿勢をもつことが大切です。

こんなときどうする!? ケース別対応術

トラブルやケガが起こったら…

子ども同士のトラブルやケガが起こった場合は、保護者には、その状況やどう対応したかをきちんと伝えるようにしましょう。連絡帳では、読み取り方によって誤解が生じたり、謝罪の気持ちが伝わらなかったりすることもあるので、重ねて直接口頭でも伝えることが大切です。トラブルの相手の名前は書かないほうが無難です。相手の名前を書くと、互いの保護者が介入し、更に問題が大きくなることがあるからです。

相談事? 不安を払拭したい保護者には…

「偏食が激しくて…どうしたら良いか」といったような内容が書かれている場合もしばしばあります。そのときには、必ずきちんと返信をすることで、保護者との信頼関係につながっていきます。

ただし、専門職としてのアドバイスばかりをぎっしりと書いてしまうと、返ってプレッシャーになってしまうこともあるので気を付けましょう。

時には、専門機関を紹介するなどの必要性も見極めなければいけませんが、まずは、保護者の思いを受容する言葉から書き始めることが大切です。保護者は「自分の不安を払拭し、納得したい」のだということを念頭に置いておきましょう。

連絡帳を書かない（書けない）保護者には…

園からの連絡を受けるだけで、自分ではあまり書かない保護者もいます。毎日忙しく書く時間がない、文章を書くのは苦手、どう書いたらいいかよく分からない…など、理由は様々です。あまり書いてくれないとしても、他の人と同じように園での様子を伝えましょう。また、子どもの様子を主軸に置いて、問い掛けるような方法を試してみましょう。

例文

『○○ちゃんは歌が大好きですね、おうちでもよく歌っているのでしょうか？　好きな歌があれば教えてくださいね』

『△△の絵本がお気に入り！ 繰り返しの部分を何度も読んでいます。おうちではどんな遊びをしていますか？』

例文のように、保護者が返しやすいボールでさりげなく質問を投げ掛けると、保護者も書きやすくなります。文章が短いことを責めるような言い回しはNGです。

子どもの姿のイメージが湧く！ 文章のコツ

保護者は誰しも、愛するわが子が笑顔で過ごす瞬間を思い浮かべたいもの。
P.14-P.19の4つのポイントを押さえたら、保護者が具体的に
子どもの生活や遊びの様子・姿をイメージできる文章のコツを身につけましょう。

具体的な表現を

たとえば、「今日は段ボール箱で遊びました」だけの文章だと、実際の様子を見ていない保護者には、子どもがどのように遊んでいたのかは伝わりにくいものです。友達との関わりの様子や子どもの言葉など、できるだけ具体的に遊びの様子を伝えることで、保護者も子どもの姿をイメージしやすくなります。

例文

『今日は段ボール箱を組み合わせ、おうちに見立てて遊びました。興味津々の○○ちゃん。しばらくすると仲良しのお友達と「おかえりなさ〜い」とおうちごっこが始まりました。「ここはわたしのベッド」「ここはママがおりょうりつくるところ」と、どんどんお話が広がって楽しそうでした』

子どもの成長に伴う配慮を書き添える

子どもができるようになったこととともに、保育者が気を付けていることも書き添えることで、家庭での対応のヒントになり、互いに一体感をもって子どもを育てていくことができます。

また、食べる、寝かせるなど生活リズムに関することや、持ち物に名前を書くなど、保護者の協力が必要なものは「できる範囲で良いのでお願いしますね」と言うように、負担を掛けない表現で伝えましょう。

例文

『最近、ひとり歩きを楽しんでいるので、目線にある危ないものを片付けました』

『ひとりでスプーンを使うことに成功しました！　握り方のコツをつかんだようですね』

『靴のかかとに紐を付けてくださってありがとうございます。紐を引っ張るとスッと履けてうれしそうでした』

0歳児は書式を生かした楽しい工夫を！

0〜1歳児は、必要項目を記号や簡単なマークなどで記入するような書式を使用している園が多いと思います。そこで、必要事項の記入欄にちょっとひと言、保育者だからこそ見ることができる子どもの姿を書き加えてみましょう。また、0歳児は毎月誕生した日に「今日で◯か月になりましたね」などのお祝いの言葉も添えると、保護者もほっこりとした気持ちになるでしょう。

オノマトペ（擬音語・擬態語）で五感に訴える

身ぶりや様子、心情を文章で表すとき、うまくオノマトペ（※）を使うことで親しみを感じ、また伝わりやすい文章にする効果があります。

表情や行動に加えて、「チョロチョロ」「ニコニコ」などの擬態語を使ったり、興味をもっている様子を「キラキラ目を輝かせて」と表現したり、緊張した様子を「ドキドキした表情で」と書いてみると、より情景を思い浮かべやすくなり、五感に訴えることができます。

例文

『お友達と一緒に水遊びをしました！　小さいじょうろから水がチョロチョロ流れるとうれしそうにニコニコ〜！　何度も何度も水を入れて流していました』

※**オノマトペとは**…音や声、動作などを音声化して示す方法のこと。物事の状態を表す擬態語（ふっくら、すべすべ　など）、音を言葉で表した擬音語（ガチャン、ドカン　など）、人や動物の発する声を表した擬声語（ワンワン、ブーブー　など）の3つに分けられる。

イラストで伝える

文章で表現するのが難しいときは、イラストで伝えるなどの工夫をしてみましょう。イラストが苦手な場合は、ネットでダウンロードすることもできます。よく使うイラストは印刷して保管しておくとよいでしょう。例文のイラストも参考にしてくださいね。

例文

『箸の持ち方についてイラストを入れておきますね。参考にしてください』

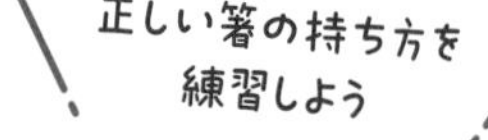

チョキして

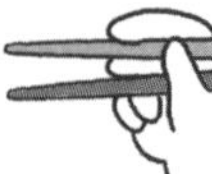

鉛筆を持つように

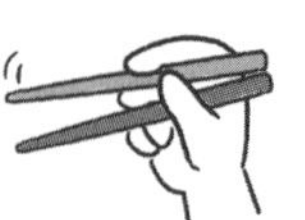

上の箸だけを動かしてみよう

例文

『ひとりで食べられるようになった子どもに適した食器です。底に吸盤がありテーブルにくっ付くので、ひっくり返りません。また、淵に反り返りがあり、すくうときにこぼしにくく食べやすいです』

例文

『靴のかかとに紐を付けると、引っ張りやすく履きやすいですよ』

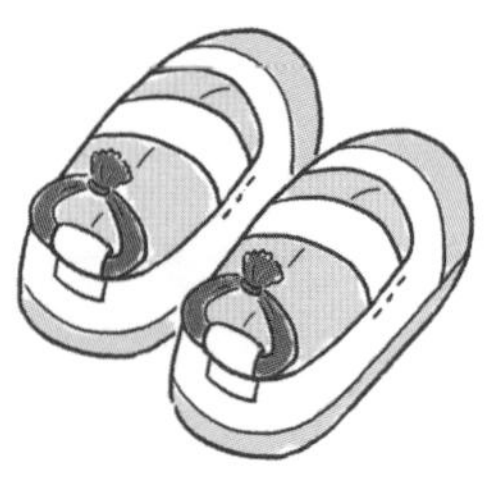

※P.23の例文のイラストは、コピー、スキャン、デジタル化等の複製が例外として可能です。ご活用ください。

5W1Hを意識して

連絡帳の文章を書く際は、ビジネスシーンでもよく使われる5W1H（※）を意識して書くのがポイントです。5W1Hを活用することで、短文の場合でも分かりやすく日頃の子どもたちの様子を伝えられるでしょう。

※**5W1Hとは**…いつ（When）、どこで（Where）、だれが（Who）、何を（What）、なぜ（Why）、どのように（How）

課題を知らせるときはできるだけ口頭で

子どもの課題を保護者に知らせたい場合は、できるだけ直接会って話をするようにしましょう。連絡帳に記入すると、読み取り方によっては誤解を生む可能性があり、保護者に不安な思いをさせる場合も少なくありません。その目的を果たすために最適な文章かどうか、保育者間でよく話し合いましょう。たとえば、下記のような書き方は子どもを否定されているような印象を与えかねないのでNGです。子どもの内面的な思いに目を向けた記述や園での配慮・工夫が伝わるような書き方を意識しましょう。

NGワード

『玩具を独り占めして友達に貸そうとしませんでした』
『気に入らないことがあれば泣き叫びます』
『今日は○○したので注意しました』　など

0・1・2歳児の連絡帳の文例をご紹介。
担当クラスの子どもたちの姿を思い浮かべて
参考にしてくださいね。

0歳児の連絡帳

文例の前に、0歳児の育ちに関する保護者の不安や喜びの気持ちを知り、
保護者と共有しておきたい発育・発達のポイントを押さえましょう。

配慮したい保護者の気持ち

保護者と共有したい

0歳児の発育・発達のポイント

(寺見陽子／神戸松蔭女子学院大学)

感覚・運動機能の発達と人への愛着や信頼感が育まれる

0歳児の一年間は、授乳・排泄など身体の生理機能がリズミカルに働くようになり、離乳とともに、立ったり歩いたりすることができるようになるなど、大きな変化があります。

また、世話をしてもらったり、あやしてもらったり、見守られたりしながら、保護者や保育者と心地良さ、うれしさ、楽しさを共有し、人への愛着と信頼感を形成します。

探索活動を通して、自分の存在に気付いていく

0歳児は以下のような発達の過程を踏みながら、探索活動を豊かにしていきます。

月齢	発達の過程・探索活動について
3か月頃	首が座る
6か月頃	お座りが始まる
8〜9か月頃	ハイハイが始まる ●目線でモノや人の動きを追い、身体と手足の動きを協応させて周りを探索する ●自分がしたいことと、そのためにすることが分化し、自分と周りをつないで意図的な行為が始まる ●人見知りが始まる
10か月頃	つかまり立ちができる ●伝い歩きをしながら、好奇心を満たすために手を使っていろいろな試しをする
1歳近く	言葉の芽生え

このようにして、0歳児は、身体・運動・感覚を用いながら周りと関わり、その関わりを通して周りを認知し、周りに関わることのできる自分の身体の存在への気付きと自己存在感を体感していきます。

連絡帳で伝えるときは…

健康管理へのアドバイスとともに、人と見つめ合ったり、周りのモノを見つめたり、視線で追ったりして共有する楽しさ、おもしろさに共感する関わりや、愛着・信頼感の形成、言葉の芽生えを促す関わりの工夫を伝えていきましょう。

＊P.28〜P.75の0歳児の文例は、0歳児クラスの4月〜3月までを想定しています。

キーワード 風邪 寝不足

健康・発達

健康

風邪ぎみで あまり眠れていません

保護者より

A児：6か月

熱は下がりましたが、まだ鼻水とせきがひどいです。鼻が詰まりミルクを飲むとせきをしてむせるので、泣いて怒りますが、休み休み飲ませています。眠ってもすぐに泣いて目覚めます。しっかりと眠れていないので、起きている間もぐずり「だっこ、だっこ」です。園では、少しは治まっていると良いのですが…。

保育者より

せきと鼻詰まりのAちゃん、昨夜は熟睡できずつらかったですね。❶お母さんも2～3時間おきの授乳、本当に大変だったと思います。登園後、眠たそうでしたが布団に寝るのはいやがり、保育者に抱かれていたかったようです。❷おんぶをすると、鼻詰まりも治まったようで、布団に下ろしても2時間半ぐっすり眠りました。

目覚めた後は、機嫌良くお気に入りのマラカスを振って笑っていましたよ。❸今夜はAちゃんも、お母さんもゆっくりと眠れますように…！

(松田七生子／白鳩チルドレンセンター東大阪：大阪)

子育てを支え・育ちが伝わる ポイント

（古橋紗人子／元・滋賀短期大学）

1 母親をねぎらって

子育てには家族の協力が不可欠ですが、母親でないとできないこともあります。それは母乳による授乳です。夜中の授乳に対して、母親の大変さに共感しています。

2 専門性を発揮して

「おんぶ」にはいろいろな効用がありますが、その一つである俗にいう「鼻がとおる」「鼻詰まりが治まる」ことが書かれています。

3 優しさを忘れずに

病後児の世話の大変さを思いやる、保育者の優しさが伝わる一文です。

発育・発達の視点から
専門性が光る！

風邪は自身の免疫力をつける始まり

（寺見陽子／神戸松蔭女子学院大学）

乳児は6か月までは母乳に含まれた母親の免疫で守られていますが、それを過ぎると病気にかかりやすくなります。一番かかりやすいのが風邪。鼻水が出るのは病原菌を排出するためです。せきは空気の乾燥によるものなので、室内の湿度を50％以上に保ち、湯冷ましなどでこまめに水分補給をします。おんぶでぐっすりと眠ったことから分かるように、鼻水・せきには縦抱きが効果的。寝苦しそうにしているときは、布団の下にクッションを敷くなどして上半身を少し起こすと楽になります。病気予防は重要ですが、病気を通して乳児は自らの免疫力をつけていくので、病気をのり越える経験も大切です。

キーワード　中耳炎　病院　薬　きょうだい

健康・発達

健康

耳鼻科に行きました

保護者より

B児：10か月

　昨日は耳鼻科に行きました。耳も鼻もすっきりとしました。中耳炎になる前だったそうで、お薬を出してもらいました。ひどくならないように気を付けます。病院で水遊びをやめるように言われたので、今日は沐浴だけにしてください。 ❶はい、分かりました。
　お兄ちゃんが、「Bちゃーん、はーい」と言うと「はーい」と手を挙げて笑っていました。

保育者より

　耳鼻科を受診されて良かったですね。お薬の影響だとお聞きしていましたが、❷園でも軟便が出ています。様子を見ておきますね。
　今日は水遊びはやめて、沐浴をしてさっぱりしました。
　ホールにいるお兄ちゃんを見つけると、❸ドアにつかまって立ち、膝をぴょこぴょこ動かしていましたよ。仲良しですね！

（武藤美香／たんぽぽtriangle学園：大阪）

子育てを支え・育ちが伝わる ポイント

（古橋紗人子／元・滋賀短期大学）

1 吹き出しでインパクトを

保護者の記入欄であっても、大切な確認事項は吹き出しなどを使って簡潔に返事を書くと、インパクトがあり分かりやすく伝わります。

2 配慮を言葉で示して

薬の影響で軟便が出ることがあると、保護者から聞いたことの確認と、園でも様子を気に掛けていることが伝わります。

3 安心できる報告を

子どもの体調が悪いと、保護者は病気のことばかりが頭に浮かび、心配するものです。園での兄を見つけてうれしそうにしている「ほほえましい姿」を伝えることで、保護者もほっと安心できるでしょう。

発育・発達の視点から　専門性が光る！

中耳炎は乳児が通る道!?

（寺見陽子／神戸松蔭女子学院大学）

中耳炎は、細菌やウイルスが中耳に入り、炎症を起こす病気です。乳児は耳管が短く水平なために中耳に細菌がたまりやすく、よく中耳炎になります。3歳までに80％の乳児は経験するという報告もあります※。また、風邪も要因の一つです。乳児は、免疫力が弱いので風邪を引きやすく、こじらせると中耳炎を発症しやすくなります。とはいえ、免疫力をつけるためには風邪を引く経験も必要なので、こじらさないように注意し、気になったら早めに耳鼻科で診てもらうようにしましょう。小学校高学年頃にはかかりにくくなります。

※参考文献：『小児急性中耳炎診療ガイドライン 2018年版』（日本耳科学会・日本小児耳鼻咽喉科学会・日本耳鼻咽喉科感染症・エアロゾル学会／編、金原出版、2018年）：p.4「4・作成の背景および沿革」参照

キーワード **離乳食** **機嫌が良い**

健康・発達
授乳・食事

離乳食の進み具合が気になります

保護者より

C児：7か月

昨日は園でも少しずつ離乳食を食べられたとのこと、良かったです。7か月になったので、もう少し進められると良いのですが…。とりあえずCちゃんのリズムに合わせていこうと思います。

今朝も機嫌良く遊んでいました。

保育者より

離乳食は少しずつ食べられるようになってきているので、❶Cちゃんのリズムでゆっくりと進められれば…と、私たちもお母さんと同じように思っています。

❷腹ばいの姿勢で活発に動いて「うー、あー」とお話したり、お友達の顔を見て、ニコニコ笑い掛けたりしていました。

❸テラスで年長さんに「Cちゃーん…」と名前を呼んでもらうと、うれしそうに年長さんの方を見ていました。

（濱崎心子／浦堂認定こども園：大阪）

子育てを支え・育ちが伝わる ポイント

（古橋紗人子／元・滋賀短期大学）

❶ 保護者の気持ちに共感する

離乳食の進み具合が遅いことを気にしながらも、「C児のリズムに合わせていこう」と自分に言い聞かせている保護者の気持ちに全面的に共感する保護者支援の書き方です。

❷ 具体的に書く

運動能力やコミュニケーション能力など、C児の長所を知らせ、離乳食の進み具合に悩む保護者の不安を軽減するような記述です。「うー、あー」といった音声を具体的に書くと、分かりやすい文章になります。

❸ 応答的保育の様子を伝えて

乳児期から集団生活を体験する「保育所保育」ならではのほほえましい応答的保育の様子を、簡潔に表現しています。

発育・発達の視点から
専門性が光る！

8か月前後は発達の節目

（寺見陽子／神戸松蔭女子学院大学）

C児は現在7か月ですが、乳児は8～9か月にかけて発達の節目を迎えます。高ばいが始まり、離乳食では少し硬めの物を食べることができるようになります。また、探索活動や、自分の機能を使った行為を繰り返し楽しむ自己活動が活発化してきます。そうした活動を通して、自分と周りとの関係に気付きが生まれ、見慣れた物やお気に入りの物には愛着を寄せて後追いしたり、見慣れない物や知らない物は拒否し、人見知りしたりする現象が始まります。家庭や園での様子を細やかに情報交換し、保護者と一緒に考える保育者の姿勢が大切です。

キーワード　手作りごはん　食べ過ぎ

健康・発達
授乳・食事

ついついたくさん食べさせてしまいます

保護者より

B児：10か月

実家に帰ったり、ベビーフードが続いたりしたからでしょうか？　昨夜、机の上の皿に置いていたゆでたままのインゲンマメを自分でパクパク食べていました。今まであまり食べなかったのですが、食べ過ぎかなと思うほど食べ、体重が10.2kgになっていました。手作りするとよく食べてくれるのでうれしくて、ついつい食べさせてしまいます。大丈夫でしょうか。

保育者より

インゲンマメを手で持って食べている姿が目に浮かびますね。❶おうちでゆっくりと、お母さんが作ってくれる食事を食べて、おいしかったのでしょうね。

園でもよく食べていましたよ。ハイハイや水遊びで、全身を使いますので、しばらく、❷身長・体重の変化を見てはいかがでしょう。乳児身体発育曲線の範囲内ですし、❸自分で満足するまで食べたい気持ちを満たすことも大切だと思います。

(内藤幸枝／認可保育園　こども芸術大学：京都)

子育てを支え・育ちが伝わる ポイント

(古橋紗人子／元・滋賀短期大学)

1 頑張りを認め、応援する

夏期休暇でゆっくりと過ごしたり、暑さで手を抜いたり、生活に変化がある頃ですが、乳児には家庭での食事が何よりのご馳走ということを保護者はよく知っています。その頑張りを認めて応援する保育者の気持ちが伝わってきます。

2 園での姿を根拠に

肥満を心配する保護者の相談に対して、「身長・体重の変化を見ては…」と提案しています。その背景には、活発に遊ぶB児の姿があります。

3 意欲を認めて

食べる意欲や満足する気持ちを尊重した書き方です。

発育・発達の視点から

専門性が光る！

様々な食感を楽しみながら食べることに満足する

(寺見陽子／神戸松蔭女子学院大学)

10か月を過ぎると離乳食から固形食への移行が始まります。個人差がありますが、歯茎で潰して食べることができるようになります。一日の生活の中で、遊びの運動量とのバランスを見ながら食べたい気持ちを満たすと同時に、様々な食材の食感や味を経験できるように食事の工夫をしていきたいものです。また、手先の運動も少し発達してくるので、スプーンを握るなど食事にまつわる物に興味を示すようになります。機会を見て、それらを使おうとする気持ちも育てていきたいですね。でも無理は禁物。まずは、手づかみ食べを十分に経験し、自分で食べる気持ちを育てることが第一です。

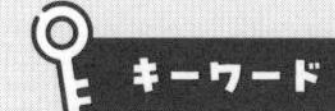

母乳 **グズグズ** **父親**

健康・発達

授乳・食事

夜中の授乳が大変です

保護者より

F児：10か月

日に日に重くなり、抱っこをするのもきついです。夜中の授乳は私も寝ながら。母乳の出も悪く、ずっと吸っていることも……。夜中のグズグズは父親があやすと泣き止みます。

保育者より

夜中の授乳は大変ですね。本当は飲みたいというよりも、❶お母さんとくっ付いていたいのかもしれませんね。給食を食べた後、何かをチューチュー吸うように口を動かしていたFちゃん。口の中を見てみると、オレンジの薄皮が…。いつも薄皮は取っているのですが、少し残っていたようです。取り出してみると、「おいしいところは全部食べました！！」という感じで、きれいに皮だけ残っていました。❷食欲旺盛です。お父さんの夜中の対応、ありがたいですね。❸Fちゃんとの愛着関係がしっかりと築けている証拠ですね！

（武藤美香／たんぽぽtriangle学園：大阪）

子育てを支え・育ちが伝わる ポイント

（古橋紗人子／元・滋賀短期大学）

1 分かりやすく伝える

母親に甘えたい心理的欲求について分かりやすく書いています。

2 リアルに伝える

オレンジの食べ方をリアルに書きながら、最後に「食欲旺盛」と簡潔にまとめています。

3 専門的な見解を

発達心理学の理論から父親との関係性を裏付け、保育の専門家として伝えています。

専門性が光る！

発育・発達の視点から

身体的にも精神的にも変化のとき、気持ちの安定を

（寺見陽子／神戸松蔭女子学院大学）

10か月は、発達が大きく変化します。身体・運動面では高ばいからつかまり立ちをするようになり、精神面では特定の人との関わりが深まり、後追いや人見知りが激しくなったり、指差ししながら発語して自分の意思を示したり、モノにも自分の好みが表れてきます。生活面では固形食が取れるようになり、食べ物を区別するなど、大人から見ると好き嫌いをするように見えます。このように、周りを自分なりの意図でつなぐようになってきます。そうした変化のときですから、母乳は気持ちの安定を図る意味で捉え、少しずつ離乳を進める方法を考えていくといいですね。

キーワード　好き嫌い

健康・発達
授乳・食事

新たに嫌いな食べ物ができました

保護者より

C児：1歳3か月

　夕食のオムレツにお肉を入れたのですが、べーっと出して食べませんでした。ご飯に混ぜてごまかすなどしましたが、ダメでした。以前は卵料理も苦手でしたが、最近はしっかりと食べるようになりました。お肉も食べられるようになってほしいです。

保育者より

　お肉が苦手なCちゃんのために、❶お母さん頑張ってらっしゃいますね。園でも小さく切って少しでも食べられるように工夫しています。❷乳歯が生えそろう3歳頃までに…と、長い目で見るようにしています。野菜が苦手な子どもが多いですが、Cちゃんは大好きですね。❸「おーぃち！」と言って食べる姿に、つい私たちもうれしくなります。
　室内用のすべり台の“滑る方”から登って楽しんでいます。足の親指で力いっぱい蹴って、踏ん張って登っています。4月の頃を思うと、❹力強く成長している姿に、頼もしさを感じます。

（松田七生子／白鳩チルドレンセンター東大阪：大阪）

子育てを支え・育ちが伝わる ポイント

（古橋紗人子／元・滋賀短期大学）

1 保護者の頑張りを認める

苦手な「お肉」を何とか食べさせたい「お母さんの頑張り」を認める言葉を残すことで、保護者を励ますことにつながります。

2 専門的な視点から

C児の月齢では、まだ歯は生えそろっていないので食べにくいということを、専門的な視点から知らせています。

3 4 共感する内容を

野菜の見事な食べっぷりと、すべり台で力強く遊ぶ姿は、成長の喜びを保護者と共有する内容です。保護者は「肉を食べない」という目の前のことに悩んでいますが、C児のすばらしい育ちに気付かせる書き方です。

発育・発達の視点から
専門性が光る！

自分の意向に一貫性がない

（寺見陽子／神戸松蔭女子学院大学）

1歳3か月頃から1歳半頃にかけては、乳児期から幼児期への移行期にあたります。内面的には、自分がした体験をもとに自分なりの意図をもって工夫するようになります（すべり台を逆さの方から上る）。照らし合わせて行動する始まりともいえるでしょう。生活面では、離乳食から固形食に移行し、大人とほぼ同じように食事ができるようになります。そこに自分の意向が表れてきます。衣服も自分のお気に入りが出てきて、気に入らないと着替えないということも。しかし、一貫性がなく、その日の気分で変わります。そのこだわりが自己存在感となって自我の芽生えにつながります。

キーワード　便秘

健康・発達
排泄

便秘です

保護者より

B児：6か月

　便秘中です。う～ん、ときばってみるものの、うんちは出ず、おならばかりです。玩具に向かって少しずつ前に進み、時折四つばいになって止まっていることもあります。手を前に出しにくいようで、先に足に力が入り、蹴り過ぎて前につんのめっています。そんな姿もかわいく、こちらまで力が入ってしまいます。

保育者より

　まだうんちが出ないようですね。❶園でも時折、力を入れて頑張っている様子が見られますが、出ていません。
　機嫌は良く、玩具を取ろうとしておしりを上げ、全身に力を入れてみるなどして、遊んでいましたよ。
　沐浴をしました。パシャパシャと湯舟の湯をたたいては、❷顔に水しぶきが掛かって驚いた顔をしていました。沐浴後に20mℓ程、水分補給をしています。 食欲もあり、今のところ元気そうですが、便秘が続くようなら受診されてはいかがでしょうか。園では、機嫌が良いときに赤ちゃんマッサージをしています。良ければ今度一緒にいかがですか。

（内藤幸枝／認可保育園　こども芸術大学：京都）

子育てを支え・育ちが伝わる ポイント

（古橋紗人子／元・滋賀短期大学）

1 園での様子を簡潔に

便秘が続くB児に対して、家庭での様子と同じような姿が園でも見られることを記入し、文末に「出ていません」と簡潔に、大事なことを伝えています。

2 重要なポイントを押さえる

沐浴をしたときのB児のあどけない姿を伝えた後に、「沐浴後に20mℓ程は水分補給をしています」と重要なポイントはしっかりと伝えています。

専門性が光る！
発育・発達の視点から

生活の流れが生理的リズムをつくる

（寺見陽子／神戸松蔭女子学院大学）

便秘ぎみなB児ですが、ちょうど離乳食を始めている頃なのではないでしょうか。離乳食が始まると便秘になりがちです。乳児の場合、医学的には週2回以下の排便を便秘というようですが、おなかが張る、食欲がない、機嫌が悪い、授乳後に吐くなど、子どもの様子を観察する必要があります。また、授乳や水分補給などを振り返り、内容や量、タイミングなどを見直してみましょう。案外、夏場なので水分不足の場合があります。生活面では食事と排泄、運動（遊び）と睡眠のリズムが大切です。おなかのマッサージもいいですね。

キーワード　便意　食事

健康・発達
排泄

食事中に便意をもよおし、食事が終わります

保護者より

D児：1歳6か月

　最近、夕飯を食べているときに便意をもよおすことが多いようです。便をした後はイスに座ることを拒否するので、10分もたたずに食事を終えてしまいます。寝る前になるとおなかがすいて、ウロウロしています。でも、昨日は便意に邪魔をされず、最後までしっかり食べてくれてました。苦手なジャガイモとシメジも、自分からパクパク食べてくれたので、うれしかったです。

保育者より

　❶食卓から離れることで、「ごちそうさま」と思ってしまうのかもしれませんね。

　「うんちして良かったね。続きを食べよう」と、❷さりげなく抱っこして、大人の膝の上で食べるようにしてみてはいかがでしょう。

　今日は園でもジャガイモを喜んで食べていましたよ。園庭では鉄棒を指差して興味を示し、一緒にぶら下がって遊びました。❸足を浮かせて5秒くらいぶら下がっていましたよ。腕の力や腹筋も随分ついてきて、成長を感じています。

（松田七生子／白鳩チルドレンセンター東大阪：大阪）

子育てを支え・育ちが伝わる ポイント

（古橋紗人子／元・滋賀短期大学）

1 子どもの気持ちを代弁して

食事中に排便で中座した子どもの気持ちを想像し、代弁しています。

2 具体的な方法を示す

食事への興味が薄れた子どもに対して、自発的に食べようと思える言葉の掛け方や、抱っこして食べさせる方法などを具体的に示し、「いかがでしょう」と提案しています。

3 園での姿が目に浮かぶように書く

寒い中、園庭の鉄棒にぶら下がって足を浮かせている様子や、「5秒くらい」と数字で具体的に書くことで、D児主体で遊ぶ姿が鮮明に目に浮かびます。

発育・発達の視点から 専門性が光る！

「食べる」と「出す」は、自分と外界とのつながりを実感する始まり

（寺見陽子／神戸松蔭女子学院大学）

乳児にとって、「食べる」ことと「出す」ことは、自分の内部と外界とのつながりを体感する行為です。それは、「満たされる」「満たされない」という感情体験を伴います。D児の場合、「食べる」ことと「出す」ことが同時進行することで、爽快感や満足感も伴うのではないでしょうか。だから、便を出した後はイスに座る必要がないと思うのかもしれません。その意味では良い循環ができているともいえるでしょう。歩行が始まり運動量が増えてくると、食べる量も便の量も更に増し、「食べる」と「出す」の間隔も少しずつ長くなって、D児なりのリズムが生まれてくるのではないでしょうか。

キーワード　おむつ　ハイハイ

健康・発達

排泄

おむつ替えをいやがります

保護者より

G児：9か月

おむつを替えるために、寝かされるのはとってもいやで、おしりをプリプリ出して逃げ回っています。おまけに布団に入るのも嫌で、真っ暗にしてもお構いなしでひとりで遊んで、いつもより遅く寝ました。

保育者より

園でも、おむつを替えるとき、寝かせてもクルンと❶すぐに寝返りをして逃げ出そうとしていることがあります。そんなときは「トントントントントンひげじいさん♪」と❷歌うと、じーっと顔を見て聞いているときもありますよ。きっと、❸お母さんに追い掛けられて、遊んでもらいたかったのかもしれませんね。

（内藤幸枝／認可保育園　こども芸術大学：京都）

子育てを支え・育ちが伝わる ポイント

(古橋紗人子／元・滋賀短期大学)

1 発達的な視点から

身軽な子どもはおむつを替えるとき、寝かされるとすぐに寝返りをして逃げ回ろうとします。9か月頃の発達の特徴が、家庭でも園でも同じように読み取れる書き方です。

2 専門性を示す

逃げ回るG児も、いつもの「ふれあい遊び」の歌をうたうと、保育者の顔を見たり歌を聞いたりして落ち着きます。保育者の専門性とG児との関係性が読み取れます。

3 保護者支援の視点から

お母さんに遊んでもらいたかったのかも…と、子育てのポイントをさりげなく伝える一文です。

発育・発達の視点から

専門性が光る！

おむつ替えが楽しみになるように

(寺見陽子／神戸松蔭女子学院大学)

ハイハイからつかまり立ちが始まる時期に、おむつ替えをいやがるのはよくあることです。日頃、起き上がって生活しているので、寝た姿勢になると視野が単調になりおもしろくないのでしょう。おむつを外した開放感もあって、手足をバタつかせて起き上がろうとしています。手遊びや手足の体操、くすぐりっこなど、全身を動かす活動を取り入れて伸び伸び感を十分に感じさせたり、両手でつかむ音の出る玩具などで気持ちをそらせたりして、声掛けしながらおむつを替えるのもいいですね。これがおむつ替えのお決まりイベントになると、今度は進んでおむつ替えするようになるかもしれません。

キーワード　昼夜逆転

健康・発達

睡眠

生活のリズムが崩れてしまっています

保護者より

E児：3か月

昨日、家に帰ってから2時間半ほど寝てしまい、その後、夜中まで目がパッチリでした。完全に昼夜が逆転しているみたいで、リズムを立て直さないといけないなと思いました。起きているときにはご機嫌で、お話しています。

保育者より

登園してしばらくするとウトウトしていたので、❶担当の保育者が抱っこするとすぐに眠りました。目覚めてからは、ミルクをしっかりと飲み、その後は機嫌良く手足を動かし、❷担当の保育者が話し掛けるとじっと顔を見つめ「あーあー」とおしゃべりしていましたよ。

夜中に寝られないのは、❸お母さんも大変ですね。園での過ごし方についてもお母さんと相談しながらリズムをつくっていけたらいいですね。

（塩田智香子／上京保育所：京都）

子育てを支え・育ちが伝わる ポイント

（古橋紗人子／元・滋賀短期大学）

❶❷ 子どもとの関係性を示す

担当の保育者との関係づくりに努力していること、その効果が表れている様子がうかがえます。

❸ 共育ての視点から

昼夜逆転しているような大変さにまずは共感して、園での過ごし方を通して生活リズムを「お母さんと相談しながらつくっていく」共育ての考え方を書いています。

発育・発達の視点から　専門性が光る！

保護者の気持ちの安定を図る

（寺見陽子／神戸松蔭女子学院大学）

3か月頃は、身体的・生理的なリズムがやっと整い始めたものの、まだ不安定な時期です。入園という環境の変化が、帰宅してすぐに眠ってしまう状況につながっているのかもしれません。しかし、登園してしばらくすると眠り、目覚めるとミルクをしっかりと飲み機嫌良く過ごしている姿から、園での生活も安心感のあるものになりつつあるようです。E児の昼夜逆転リズムを整えることはもちろん、保護者の気持ちの安定も考える必要があります。保護者の不安感が子どもに影響しているかもしれないからです。保護者自身の生活の様子も聞くといいですね。

キーワード　きょうだい　夜更かし　食事

健康・発達

睡眠

夜更かしをしてしまいました

保護者より

F児：1歳1か月

昨夜は、お兄ちゃんと遅くまで大はしゃぎをしていたので、今朝は、やはりなかなか目覚めず…。食欲はあり、ブロッコリーのゴマ和えを口に入れたら出そうとしたので、「あ！」と少し大きい声で言うと、ニタ～と笑い、出さずにモグモグ食べました。「えらいね。食べられたね」と言うとまたニタ～と笑っていました。

保育者より

お兄ちゃんとのふれあいの時間が楽しかったのでしょうね。❶園では、いつもと変わりない時間にお昼寝しました。途中で一度泣いて目を覚ましましたが、そばについて子守唄をうたうと、じっと顔を見て、まもなく眠りました。❷今夜は早く寝られるといいですね。❸食事については、園でも同じような姿が見られます。ハクサイを食べるときに保育者の顔をじっと見て笑っていました。何か言ってほしそうでしたよ。朝、お母さんとのやり取りがあったのですね。「おいしいね」と言うとパクッと食べていました。

（内藤幸枝／認可保育園　こども芸術大学：京都）

子育てを支え・育ちが伝わる ポイント

（古橋紗人子／元・滋賀短期大学）

❶ 具体的な様子を伝える

前夜遅く寝た子どもについて、午睡の様子を伝えています。保護者には、いつもと同じ時間に寝た、と伝えていますが、その上で途中で泣いて目覚めたF児の様子を、具体的に伝えています。

❷ 保育者の思いも織り交ぜて

保護者への思いやりの言葉とも思えますが、実は、子どもの生活リズムの確立を願う保育者の願いとも読み取れます。

❸ 洞察力や観察力を示す文章を

朝食のブロッコリーを食べたときのエピソードと同じような姿が、園でも見られたという記述から、保育者の洞察力や観察力が伝わってきます。

発育・発達の視点から
専門性が光る！

大人の反応を見て、周りの世界を知る

（寺見陽子／神戸松蔭女子学院大学）

何かをするとき大人の顔をじっと見て反応を待つF児。大人が見ている方向を自分も見て視線を共有し、大人を追視しながら自分と周りをつないでいるのです。これを共同注意といいますが、そのときの大人の反応を通して周りの世界を学び始めます。特に新奇なことに出会ったとき、大人の顔をじっと見つめ、笑っていたらする、いなかったらしないというように、自分の行動を大人の反応と合わせます。これを社会的参照といいます。時に、わざとして大人を試します。乳児は、こうして社会的な行動を学んでいきます。指差しもこの頃から見られ、言葉が始まる基盤になります。

キーワード 泣く 抱っこ

健康・発達

発達

私じゃないとだめなんです

保護者より

A児：6か月

昨日、お迎えの後、お友達の家へ遊びに行きました。相手をしてもらい楽しかったのか、ずっと遊んでいました。でも、私の姿を見失うと、不安になり泣いて抱っこでした。この頃、家でも私の抱っこしかだめで、お父さんが寂しがっていました。

保育者より

本当に❶お母さんが大好きなんですね。抱っこ、うれしいですもんね。園では特定の保育者を求め、抱っこしてほしいとしぐさで訴えていますよ。大好きな❷タオル生地のボールを見つけると、腹ばいの姿勢になって手を伸ばして取ろうと一生懸命です。ボールを少し届きやすい所に置くと、Aちゃんの手に触れるのですが、ボールは転がっていくので、❸足の親指で床を蹴って前に動いて追い掛けていましたよ。ボールが手に触れるとうれしそうに遊んでいました。

(塩田智香子／上京保育所：京都)

子育てを支え・育ちが伝わる ポイント

(古橋紗人子／元・滋賀短期大学)

1 子どもの代弁者になって

保育者は、A児の立場になって「お母さんが大好き」「抱っこ、うれしい」と、A児の代弁者の役割を意識して書いています。

2 発達的な視点から

ボールの素材や、6か月児の順調な発達過程として腹ばいで遊ぶ姿を、具体的に書いています。

3 子どもの姿を観察して

ハイハイの前段階の発達過程である進み方をよく観察して書いています。

発育・発達の視点から

専門性が光る！

特定の人に特別な反応を示す時期

(寺見陽子／神戸松蔭女子学院大学)

乳児は6か月を過ぎると、周りの人ににこやかに反応するようになります。そして、次第に特定の人に特別な反応を示すようになってきます。身体的には寝返りが始まり、背中を支えるとお座りもできるようになります。両手が解放されるので、手をパチパチ合わせようとしたり、周りに目をやって興味のある物に手を伸ばして(リーチング)取ろうとしたり。でも、まだ手先が発達していないので、うまくできません。また、自分の意思で自分の体を意図的に動かそうとするようになります。これは、自分の意図の芽生えと見ることができます。自己の存在への気付きが始まります。

キーワード　歩く

健康・発達

発達

少しずつ歩けるようになってきました

保護者より

E児：1歳1か月

少しずつ歩けるようになり、お正月の間も頑張って、何も持たずに立ち上がって歩こうとしていました。日増しに歩数が増えることが楽しみです。うれしそうに笑いながら歩く姿がかわいいです。外でも歩きたがるようになりましたが、家の前はコンクリートなので注意しながら見ています。

❶そうですね、安全第一ですね！

保育者より

お休みの間に随分歩けるようになりましたね。今日は園庭でも手押し車を放り出して自分の足で一生懸命歩いていました。「おいでおいで」と手を広げると、にっこり笑ってよちよち歩いてきました。❷近くまで来ると安心したのか、胸に飛び込んできました。

誕生日前から歩こうとしていますが、無理には歩かせず、安心して❸はって移動することも大事な発達過程ですので見守りましょう。

（松田七生子／白鳩チルドレンセンター東大阪：大阪）

子育てを支え・育ちが伝わる ポイント

(古橋紗人子/元・滋賀短期大学)

1 吹き出しでインパクトを

保護者の書く欄ですが、大いに奨励することは吹き出しにして、ひと言添えるとインパクトがあります。

2 明確な文章で書く

よちよち歩く様子と、微妙に不安な心理状態を「安心したのか、胸に飛び込んで…」と、具体的な姿を書くことで分かりやすく伝えています。

3 専門的な視点から

歩くようになった姿を成長の証と喜ぶことは親心として当然といえますが、子育ての専門家としては、乳児期における発達過程の一つである「はう」ことの重要性を伝えたいものです。

発育・発達の視点から

専門性が光る!

全身を動かす経験=体幹軸を育てる

(寺見陽子/神戸松蔭女子学院大学)

歩行の開始は、子どもにとっても大人にとっても感動的なものです。生活面では、コップの取っ手を片手で握り、もう一方の手を添えて一人で飲む、人さし指で押したり手のひらでたたいたりするなど細やかな手先の動きができるようになっています。

発達はトータルで考えるべきものです。歩行が安定するのは1歳3か月、転ばないで歩くようになるのは1歳6か月頃です。その間、歩くことへの意欲を高めつつ、体幹軸を多様に使えるようにしたいですね。いろいろな身体活動を通して、ぎこちないながらも、手足でバランスをとって全身を動かす経験をすることが大切です。

キーワード　好奇心　指差し　言葉　おしゃべり

健康・発達

発達

何でも「にゃんにゃ」と言うのにどう答えれば？

保護者より

C児：1歳3か月

　いろいろな物や人にとても興味を示しています。園の行き帰りに気になる物を見つけては、「あー！」と指を差し、「にゃんにゃ」と言います。道路の標識だったり、道行く人だったり、お散歩中の犬だったり。「にゃんにゃ」は動物の総称なのかなと思いましたが、何でもなので、どう答えていったらよいでしょうか？

保育者より

　今朝もプレイルームでブロックを耳に当てて「にゃんにゃ…」と、一人でおしゃべりしていたので、❶保育者が「もしもし…Cちゃん？」と話し掛けると「にゃんにゃ！」とうれしそうに応えてくれましたよ。機嫌が良いとき、特定の物や人の名称などに限らず、うれしい気持ちを伝えようとしているのではないでしょうか。

　「にゃんにゃ」と言ってきたときには「にゃんにゃ…。犬だね」と、❷Cちゃん語を受け止めた上で、正確な名称を加えて応じることが、発語につながっていくと考えられます。

（松田七生子／白鳩チルドレンセンター東大阪：大阪）

子育てを支え・育ちが伝わる ポイント

（古橋紗人子／元・滋賀短期大学）

1 発達過程を知らせる

保護者が、園の行き帰りなどに「にゃんにゃ」と言っている様子を書いてきたときには、園で見られる同じような姿を書いています。電話ごっこの「つもり遊び」を伝えてC児の発達過程を共有しています。

2 質問に答え、具体的な方法を示して

何にでも「にゃんにゃ」と言う、C児への対応の仕方についての質問には、まず「にゃんにゃ」のことを、「Cちゃん語」と書いて受け止めた上で、正確な言葉の伝え方を具体的に示しています。

発育・発達の視点から

専門性が光る！

自分の思いを振りや言葉で表現するやり取りを楽しく

（寺見陽子／神戸松蔭女子学院大学）

周りの物を指差して言葉にし、ブロックを耳に当てて話す振りをしてやり取りを楽しむC児の姿は、心の世界の芽生えを感じさせます。周りの物には名前があり、見た物をイメージして心に留め、他の物や言葉に置き換えて表現できるようになり始めています。振りは単発的ですし、言葉も全て「にゃんにゃ」で総称するように未熟ですが、これからますます身振りや手振りで自分を表現したり、周りの物を言葉にしたりしてやり取りすることが盛んになります。子どもの思いをくみ取って、きちんとした言葉に言い換えて返していく関わりが大切です。

キーワード　好奇心　危険　安全

健康・発達

発達

活発過ぎてヒヤヒヤします

保護者より

H児：1歳6か月

ここ数日、園にお迎えに行ったときや登園のときに、入り口の台によく上っています。いろいろできることが増えて、好奇心もあって、いいことなのですが、見ているこちらはヒヤヒヤです。園では、いかがでしょうか？

保育者より

最近のHちゃんは、ますます活発になって、意欲的な行動を頼もしく思います。ただし、入り口の台に上ることをはじめ、❶安全には十分に気を付けて保育者がそばで見守るようにしていきますね。朝の体操は、ニコニコしながら体を動かして、ずっと楽しんでいました。

棚から玩具の携帯電話を取って、耳に当てて何やらおしゃべりしながら歩いていました。❷おうちの方の姿をよく見ているのですね。

（武藤美香／たんぽぽtriangle学園：大阪）

子育てを支え・育ちが伝わる ポイント

（古橋紗人子／元・滋賀短期大学）

1 園での安全面の配慮も伝える

活発な行動を頼もしいと認めると同時に、ヒヤヒヤする保護者の気持ちに共感し、安全面への配慮の仕方について具体的に書いています。

2 子どもの様子が鮮明に伝わるように書く

H児が、自分から携帯電話を取りに行って、保護者のまねをする姿が目に浮かぶようです。

発育・発達の視点から　専門性が光る！

自分の意図をもって周りと関わる

（寺見陽子／神戸松蔭女子学院大学）

高い台に上ったり、玩具の電話を耳に当てておしゃべりしながら歩いたりするH児の姿には、心身の育ちを読み取ることができます。身体運動（歩行）の安定、見たことや聞いたことをイメージして、そのイメージを後から引き出してまねること（延滞摸倣）ができるという心身の育ちです。日常の生活の中でも、自分なりにつもりや意図をもって周りと関わり試行錯誤する、それができると喜ぶ、独り言を言って遊ぶ姿が見られているはずです。こうしたことは、今後の子どもの内面（想像力や概念、思考）の発達の基盤となるものです。

キーワード 泣く 甘え うつ伏せ 風邪

健康・発達

発達

舌をべーっと出して喜び、甘えています

保護者より

A児：3か月

誰かに相手をしてほしくて、よく泣きます。目の前に誰かがいるとご機嫌で、べーっと舌を出して喜んだり、「あーあー」とおしゃべりをしています。甘えん坊で抱っこしてもらいたがります。昨日はうつ伏せを練習してみましたが、3分くらいでいやになり泣いてしまいました。日曜日に鼻詰まりとせきがひどくなり、夜は何度も目を覚ましては母乳を欲しがりグズグズでした。

保育者より

園でもべーっと舌を出しているときは、ご機嫌ですね！保育者が縦抱きにすると舌を出してニコニコ…。「Aちゃんはーい」と、❶ゆったりと語り掛けると「あーあー」と返事をしてくれます。日曜日には、おうちのみなさんに相手をしてもらい、Aちゃん良かったですね！

うつ伏せは、寝返りするようになれば❷しぜんにできるようになりますから急がなくても大丈夫ですよ。❸鼻詰まりとせきは心配ですね。早めに受診されるとよいと思います。

（松田七生子／白鳩チルドレンセンター東大阪：大阪）

子育てを支え・育ちが伝わる ポイント

（古橋紗人子／元・滋賀短期大学）

① 園での関わり方も伝えて

休日に、ご家族によく相手してもらった様子がうかがえます。園での保育者のゆったりとした関わり方が具体的に伝わるように書かれています。

② 安心感を与える

家庭で、「うつ伏せの練習をしてみました」とありますが、保護者も軽い気持ちで書いているようですので、さらりと安心感を伝えています。

③ 共感と提案を

熱がないと保護者は、なかなか病院に行かないことが多いものですが、この保護者は家でも「グズグズ」と大変さを書いています。「心配ですね」と共感した上で、早めの受診を提案の形で促しています。

専門性が光る！

発育・発達の視点から

甘えることは育ちの始まり

（寺見陽子／神戸松蔭女子学院大学）

3か月を過ぎると首がすわるので、首を動かして周りを見回し、新奇なものをじっと見つめたり、追視したりして周りに興味を示します。そして、そのとき感じた快・不快を笑みや泣きで表出します。やがて見慣れたものを長く見つめ、特別な反応を示すようになります。中でも人の顔は表情が変わり、声（音）が出ますからより注目し、その動きに合わせて手足を動かしたり、声のイントネーションに合わせて発声したりするようになります。こうした繰り返しが、周りのものには意味があることへの気付きや愛着形成の基盤になっていきます。A児の姿にはそうした育ちの意味があります。

キーワード　好奇心　ハイハイ　排泄

生活・遊び
生活

何をしても かわいいです！

保護者より

D児：7か月

　今日も朝から元気です。200㎖のミルクをグビグビ飲んだ後は、行動開始です。ハイハイであちこち行っては、興味のある物を触り、活発な一日が始まりました。動きが止まったと思ったら、うんちをきばっていたDくん。何をしていても思わず抱きしめたくなるかわいさです。

保育者より

❶一つひとつのしぐさや行動が本当にかわいいですね。友達が部屋を出て中庭へ行くのに気付くと、Dくんもハイハイでどんどん行きます。シートの上で遊んでいるときも、近くに落ちている葉っぱを見つけると、ハイハイで取りに行き、握りしめていました。いろいろなことに興味を示して行動範囲が広がっています。❷離乳食を食べる姿も勢いがありますよ。「おいしいね」「モグモグして食べようね」などと言葉を掛けると、とてもうれしそうな笑顔を見せてくれます。

（内藤幸枝／認可保育園　こども芸術大学：京都）

子育てを支え・育ちが伝わる ポイント

（古橋紗人子／元・滋賀短期大学）

1 保護者の気持ちに共感する

「何をしていても思わず抱きしめたくなるかわいさです」と、我が子の愛おしさを書いている保護者の気持ちに共感しています。続けて遊びの場面について記し、ハイハイする姿や葉っぱを握りしめる様子などの発達過程についても具体的に書いています。

2 専門家としての文章で

後半は食事場面を養護的側面から記し、うれしそうな笑顔を見せてくれるD児の姿を伝えるなど、保育の専門家としてバランスのとれた書き方をしています。

発育・発達の視点から　専門性が光る！

ハイハイは周りの世界を知る始まり

（寺見陽子／神戸松蔭女子学院大学）

食事をしっかりとり、ハイハイで盛んに動き回って探索するD児。友達を追って中庭に行く、落ちている葉を握りしめるなど、ハイハイが周りのモノや人との出会いをつくり、新たな活動を誘発しています。それは、驚きや喜びといった感情を伴いますから、乳児に様々な情緒体験をも与えます。やがて、周りのモノや人との間に情緒的反応が生まれ、見慣れたモノには愛着を示し、見慣れないモノには恐れを感じるようになり、それによって周りを区別することができるようになります。また、自分のしたいこととそのためにすることが分化し、探索が知的な試し行動になっていきます。

キーワード　後追い　父親

生活・遊び

生活

後追いが激しいです

保護者より

B児：9か月

後追いがすごくてトイレにも行かせてもらえません。パパが帰って来て遊んでいても、私が見えなくなると泣きながら追い掛けて来ます。パパが少し寂しがっていました。園でよく遊んだのか、お風呂の後ミルクを飲みながらそのまま寝入ってしまいました。

保育者より

❶Bちゃんは園でも同じように特定の保育者を追い掛けています。今日もその保育者の姿が見えないとキョロキョロと探し、見つけるととてもうれしそうにハイハイでそばに行っていました。私たちが見ていても、❷お父さんの気持ちが分かるような気がしますが、お母さんとの愛着の形成がしっかりできている証拠ですね。保護者や保育者から愛情が十分に与えられないと、乳幼児は元気や食欲もなくなり、暗い表情になるなどといわれます。Bちゃんは愛情をたっぷり掛けてもらっていて幸せですね。❸園でも特定の保育者を中心に、心を込めて保育をしたいと思います。

(塩田智香子／上京保育所：京都)

子育てを支え・育ちが伝わる ポイント

(古橋紗人子／元・滋賀短期大学)

1 共育ての視点から

園でも同じような姿が見られることを伝えています。情報を共有することは育児パートナーとして大切なことです。

2 専門家として

母親の「パパが少し寂しがっていました」という記述に共感しながらも、専門家の立場から「愛着の形成」について書き、質の高い保育を目指す姿勢がうかがえます。

3 保育の考え方を伝える

園での保育の考え方を簡潔にしっかりと伝えています。

専門性が光る！

発育・発達の視点から

後追いは自分の拠点探し

(寺見陽子／神戸松蔭女子学院大学)

B児の姿は順調な育ちの姿です。この時期は、特定の大人と特別な情緒的絆(愛着)を結び、その絆を基盤に心の居場所を形成していきます。特定の大人との愛着が形成されると情緒的な安定が生まれ、周りの環境に自分から関わっていこうとする好奇心や関心、探索行動が活発化し、知的・社会的な関係の発達が促されます。こうした行動はこれから更に盛んになりますが、認知の発達に伴って次第に軽減し、ひと目その人を確認するだけで、安心して自分のしたいことをするようになります。追われるほうは時に困惑してしまいますが、ゆとりをもって見守っていきたいものです。

キーワード　機嫌が悪い　グズグズ　泣く

生活・遊び
生活

グズグズが多くて大変です

保護者より

G児：1歳4か月

　昨日は帰宅してからグズグズして、機嫌が悪かったです。
　お風呂に入ると気持ちがリセットされたのか、それ以降は大丈夫だったのですが、最近グズグズが多くなってきたので大変です。
　今朝は、いつも通りです。

保育者より

　帰宅後は大変でしたね！　自我の芽生えでしょうか？自分の思いが出てきて、❶Gちゃんもお母さんも互いに大変でしたね。園では食後、寝付くまで大泣きしましたが、❷しばらく抱っこしていると、落ち着いて眠れました。園庭では、大きな汽車に乗ってご機嫌でした。その後で、ウサギ小屋をのぞいていると、幼児クラスのおにいちゃんたちもやって来て、一緒にのぞいていました。ウサギが飛び跳ねると「あ、わぁ〜」と驚いて、❸おにいちゃんたちの方へ寄って行きましたよ。

（濱崎心子／浦堂認定こども園：大阪）

子育てを支え・育ちが伝わる　ポイント

❶ 子育て支援の視点をもって

帰宅後にグズグズだったG児に対して、「自我の芽生えでしょうか？」と専門的に書いていますが、同時に、保護者の大変さを子育て支援の視点からねぎらっています。

❷ 保護者に安心感を

園でも午睡前に大泣きした事実を知らせつつ、「抱っこしていると、落ち着いて眠れました」と保護者が安心できるような書き方をしています。

❸ 園での様子を具体的に書く

園庭で汽車に乗ったり、ウサギと遊んだりして楽しく過ごしている様子が手に取るように分かるような書き方です。

専門性が光る！

発育・発達の視点から

体の不安定が心の不安定につながる

(寺見陽子／神戸松蔭女子学院大学)

グズグズとぐずる背景にはいろいろなことが考えられます。歩行が始まると周りに対する興味が生まれ、積極的に動くようになります。でも、まだ自分の体を安定的に保持できなかったり、周りに興味をもつことは楽しい反面、驚きや恐怖を感じる場合もあったりして、それが心を不安定にすることもあります。グズグズするときは、何か意に沿わないことがあったり場面が切り変わったりするときではないでしょうか。生活を振り返ると対処法が見えてくるかもしれません。何はともあれ、抱っこして安心できるようにすることが第一です。

キーワード　風邪　薬　おしゃべり　きょうだい

生活・遊び
遊び

箱から物を出すのが楽しいようです

保護者より

H児：9か月

　先週の土曜日には熱が下がり、少しせきは残っていますが、よく動き、食欲もあり、睡眠もしっかり取れています。便が緩めですが、抗生物質の影響のようで、整腸剤をもらいました。この間はお姉ちゃんたちが玩具を箱に片付けていた所に行って、ニコニコしながら箱の中の玩具を出して叱られていました。たくさんおしゃべりするようにもなり、にぎやかです。

保育者より

❶熱が下がって良かったですね。機嫌も良くて食欲もあるので安心しました。　❷園でも緩い便でした。お薬の影響があるということですね。様子を見ておきます。

　お姉ちゃんたちに叱られている姿が目に浮かびます。園でも周りの友達の様子をよく見ていて、同じようにしようとしています。箱から物を出すのが楽しいようで、うれしそうにポイポイ出しています。❸身近な物に興味が出てきたようですね。今日は紙を使って遊びました。感触と音がおもしろかったようで、自分から触りに行っていました。

（内藤幸枝／認可保育園　こども芸術大学：京都）

子育てを支え・育ちが伝わる ポイント

（古橋紗人子／元・滋賀短期大学）

1 心を込めて書く

体調不良の子どもを心配する保護者の気持ちに寄り添い、回復の兆しが見られたときには、「良かった」「安心した」と心を込めて書くことで、保護者と共に育て合う保育者の気持ちが表れる一文です。

2 保護者が安心できる文章を

緩い便は、薬による副作用であることを確認すると同時に、「様子を見ておきます」と、園での配慮を書くことで保護者も安心するでしょう。

3 成長を保護者と共有できるように

病後は養護面の記述が多くなりますが、新たな興味や遊ぶ姿が見られたときには具体的に書き、教育的成長の喜びを保護者と共有しましょう。

発育・発達の視点から

専門性が光る！

自分と周りのつながりづくりが始まる

（寺見陽子／神戸松蔭女子学院大学）

8～9か月頃は、乳児の発達の大きな節目です。人見知りが始まる（愛着の成立）、人が見ているモノを見て注意を共有する（共同注意）、自分が見つめたモノや人と自分を交互に目で追うなどして、そこで起こることの意味に気付く（三項関係の成立）など、周りと自分との間に絆が生まれ、意図して探索するようになります。片付けた玩具を何度も出す、箱に入れた物を出し入れするといった行動はその一端です。認知発達研究者のピアジェは、これを「感覚運動的知能の芽生え」と呼びました。わざといたずらをしているように思えますが、知的な発達の始まりとして見守りたいものです。

キーワード　おしゃべり　ごっこ遊び

生活・遊び

遊び

携帯電話ごっこで遊んでいました

保護者より

E児：1歳7か月

　家に帰り、玩具箱の中をゴソゴソ探していたので、何かな？と見ていると玩具の携帯電話を出して耳に当て、「せんせー！」と先生に電話を掛けていたようです。以前、先生から「携帯電話が好きでよくお話をしていますよ」と聞いていたので、その姿を家でも見ることができてうれしかったです。

保育者より

　散歩のとき、公園では犬を見つけると「わんわん」とうれしそうに駆け寄っていましたよ。また、保育者が外で出会った人に挨拶をしていると、まねをして❶お辞儀をしたり手を振ったりしていました。携帯電話ごっこ、おうちでも始まりましたね。Eちゃんからの❷お電話、聞こえましたよ！社会性の芽生え、私たちもうれしいです。

　便が昨日から出ていないので、無理のない範囲で❸飲めるだけの量を、何度にも分けて水分摂取するように努めました。おうちでも様子を見ていただければと思います。

（阿部誠子／龍谷保育園：大阪）

子育てを支え・育ちが伝わる ポイント

（古橋紗人子／元・滋賀短期大学）

❶ 園での様子を具体的に

散歩中に地域の方と出会ったときの保育者の様子を、E児がよく見ている姿を書いています。

❷ 専門家としての文章を

電話ごっこの相手が、保育者とはうれしいですね。その気持ちを「お電話、聞こえましたよ！」と、ジョークで受け止めた上に、社会性の芽生えを保育者たちで認める「専門性の読み取れる」文章です。

❸ 保育の姿勢が伝わるように

乾燥する季節での水分摂取です。無理なく飲めるように心掛けた様子が伝わり、養護的視点を重視する保育者の姿勢が伝わってきます。

専門性が光る！

発育・発達の視点から

したいことをいろいろと試し、見つけ出して得意になる

（寺見陽子／神戸松蔭女子学院大学）

1歳6か月を過ぎると転ばないで歩くことができるほどに体の動きが安定してきます。全身や指先を使って、物のバランスをとったり崩したりするなど、身体的な関わりを通して周りと自分を結び付けることに興味をもち始めます。様々な物に名前があることに気付いて聞き回るのもその一つ。また、見たことや聞いたこと（お辞儀や手を振る　など）を、今のことだけでなく過去のことでも再現（携帯電話ごっこをする）でき、繰り返し楽しみます。こうした行為を繰り返しながら、自分のしたいことをいろいろと試し、見つけ出して得意満面です。このような探索活動が知的発達を促します。

キーワード 風邪 指差し

生活・遊び
遊び

指差しをして伝えてくれます

保護者より

C児：1歳10か月

　昨日は鼻水だけでせきは出ませんでした。食後一緒に雑誌を見ていると、うれしそうに「ワンワン」「ニャンニャン」と動物を見つけて言っていました。また、同じ年齢くらいの子どもが載っているページになると「Eちゃん」と指差して言っていたのでよく見てみると、確かにEちゃんに似た子が載っていて驚きました。

保育者より

❶せきが治まって良かったですね。園では、昨日より鼻水の量も少し減り機嫌良く過ごしていましたよ。 雑誌の中にEちゃんを見つけて、喜んでいるCちゃんの姿が目に浮かびます。1歳児クラスの前を通るとCちゃんが中を指差したので、入って遊びました。お気に入りのままごとキッチンに真っすぐ向かい、❷コンロのスイッチを押したり、お皿に玩具のニンジンをのせたり、レンジに入れたり出したりして遊んでいました。1歳児クラスに行くのが楽しみになっているCちゃん、❸次はどんな遊びを見つけるのか楽しみです。

（阿部誠子／龍谷保育園：大阪）

子育てを支え・育ちが伝わる ポイント

（古橋紗人子／元・滋賀短期大学）

1 共通理解を促すように

体調面での不安や、回復への兆しを家庭と園とで共通理解する役割が連絡帳にはあります。保護者へ安心感を与えます。

2 遊びの姿も具体的に

子どもの指差しから、1歳児クラスで遊ぶことにした子ども主体の保育の姿勢を示し、更に、遊びの内容もとても具体的に書いています。

3 成長が楽しみになる書き方を

1歳児クラスへの進級が楽しみになる、次年度への期待につながる文章です。

発育・発達の視点から

専門性が光る！

したことを言葉やモノで表現する＝心の芽生え

（寺見陽子／神戸松蔭女子学院大学）

C児は、雑誌で見た動物を「ワンワン」「ニャンニャン」と言い、E児に似た子を見つけて「Eちゃん」と呼び、ままごとキッチンの前ではコンロのスイッチを押したり、食べ物をお皿にのせたり、レンジに入れたり出したりするなど、自分が聞いたり見たりしたことを言葉やモノに置き換えて楽しんでいます。これは、脳の表象機能が発達してきた証拠。見たことを言葉にしたり、経験したことをいろいろなモノで見立てて表現したりする遊びが、心の育ちにつながります。

キーワード　祖父母　活発　片付け　進級

生活・遊び

遊び

お片付けを少しはしてくれるようになりました

保護者より

F児：1歳9か月

昨日、おじいちゃん、おばあちゃんが来てくれ、元気に動き回るFを見て、ニコニコして帰っていきました。玩具の入れ物は今や踏み台と化して、いろいろな所に運んでは、絵本などを取り出し、部屋中にひっくり返しています。「お片付けして」と言うと少しはしてくれるようになりました。

保育者より

おじいちゃん、おばあちゃんもFちゃんの成長ぶりに驚かれたことと思います。

今日も❶三輪車に乗ったり、ウサギさんに葉っぱをあげたり、砂場の段差を上ったりして、活発に遊んでいましたよ。体を動かして遊ぶことが大好きですね。また、園では積み木を片付けるとき、Fちゃんが❷最初に集めて、片付けてくれます。❸1歳児クラスになったFちゃんの頼もしい姿が、目に浮かびます。

（武藤美香／たんぽぽtriangle学園：大阪）

子育てを支え・育ちが伝わる ポイント

（古橋紗人子／元・滋賀短期大学）

❶ 子どもの姿を具体的に

活発に外で遊ぶ様子が、目に見えるような書き方をしています。

❷ 集団生活の様子を伝えて

家では、「お片付けして」と言うと少しはしてくれる…と保護者は書いていますが、園での率先して片付ける頼もしい姿を伝えることで、園での集団生活の価値が伝わります。

❸ 安心感と楽しみを与える文章で

進級目前の連絡帳です。保護者が環境の変化に不安を感じないように配慮し、前文では、率先して玩具を片付ける姿を書いています。安心とともに楽しみと思える文章です。

発育・発達の視点から 専門性が光る！

様々な手段を工夫して試す、知的な発達

（寺見陽子／神戸松蔭女子学院大学）

玩具の入れ物を踏み台にしていろいろなモノを取るF児。大人には散らかしているように見えるこの行為には、入れ物を台に見立てる象徴的な活動と、それにモノを取る手段という意味付けをして「取る」という知的な活動が含まれています。「片付け」も、F児にとってはお試し時間。1歳半頃から様々な手段を用いて工夫して試すという、思考の原型となる知的な発達が始まります。片付け時、恐らくF児は、モノを取ること自体を楽しんでいるのではないでしょうか。子どもの視点から見た関わりをすると、子どもとの意思の疎通がしやすくなります。

キーワード　父親　肌のかさつき

生活・遊び

遊び

父親との遊びを楽しみました

保護者より

A児：12か月

　昨日は久しぶりにパパが早く帰って来ました。ご機嫌で一緒に遊んでもらい、うれしかったようです。はしゃぎ過ぎてなかなか寝付けず大変でした。お風呂上がりに保湿剤と塗り薬を塗るようにしたので、肌のかさつきが随分ましになってきました。園ではかゆがっていますか？

保育者より

❶久しぶりにパパと遊んで楽しかったことでしょうね。園では、午睡時、体が温まると、無意識にかいています。❷ぬれタオルなどで冷やし、塗り薬を塗るようにしています。塗った後は、かゆみが止まるようです。かさつきが治まってきて良かったですね。早く治るといいですね。

　午前のおやつの後、❸15分程ですが、中庭でお散歩しました。Aちゃんもうれしそうに探索活動を楽しんでいましたよ。午後は室内で、巧技台のすべり台を滑って遊ぶことを何度も繰り返して楽しんでいました。

（塩田智香子／上京保育所：京都）

子育てを支え・育ちが伝わる ポイント

（古橋紗人子／元・滋賀短期大学）

❶ 父親にも届くように

多忙な父親に相手をしてもらえたうれしさを記載することは、この連絡帳を父親自身が読んだときに、できるだけ早く帰りＡ児と遊びたいと思えることが期待できます。

❷ 質問に明確に答える

園での様子を質問する保護者には、より丁寧に答えます。冷やしてから薬を塗る対応の仕方が具体的によく分かります。

❸ 具体的に書いて安心感を

寒い時季に外遊びをすることについては、どこで何分ぐらいと書くことで安心できますね。午後の室内での過ごし方も分かりやすく伝えています。

発育・発達の視点から　専門性が光る！

全身で周りとの関わりを楽しむことで能動性が育つ

（寺見陽子／神戸松蔭女子学院大学）

　この頃の歩行は、まだ不安定で危なっかしい感じがしますが、安全に配慮して、全身を思いっ切り動かす経験はとても大切です。「自分の体は自分の意思で動かすことができる。それは自分の体にも、周りの環境にも、いろいろな変化を起こす、楽しいおもしろいことである」ということに気付き、自ら周りに関わる能動性の源になるからです。Ａ児が、父親との遊びが楽しかったのも、いつもとは異なる体の動きや周りの変化を体験したからでしょう。園の中庭をあちこち散歩したり、すべり台を何度も滑ったりすることも、そうした育ちの体験が含まれています。

1歳児の連絡帳

文例の前に、1歳児の育ちに関する保護者の不安や喜びの気持ちを知り、
保護者と共有しておきたい発育・発達のポイントを押さえましょう。

配慮したい保護者の気持ち

保護者と共有したい

1歳児の発育・発達のポイント

(寺見陽子／神戸松蔭女子学院大学)

歩行が安定し、自分から周りに働き掛ける

1歳を過ぎると歩行が安定し、全身や手先の運動が意図的にできるようになります。好きな所を歩き回って、興味のある環境に自分から働き掛け、新たな関わりをいろいろ試して楽しむようになります。生活行動にも興味をもち、自分でしようとするようになります。

見立て遊びやふり遊び、やり取りを楽しむ

2歳近くになると脳の表象機能の発達が始まり、象徴機能が芽生えてくるので、ふりやまね、片言のおしゃべりが盛んになります。過去に経験したことをイメージして心に留めることができるようになり、見立て遊びやふり遊びをするようになります。遊びや生活の中で人の動きをまねたり、人に自分の動きを補完してもらったりしてやり取りする経験は、「している自分(する自分)」と「相手から見られている自分(される自分)」という二つの自分を意識させる機会になり、自分の存在の二重性に気付きます。これが、自我の芽生えにつながります。

この時期は、人を介してふりやまね、やり取りを楽しみ、自分でする満足感を味わうことが大切です。

連絡帳で伝えるときは…

養育者を安全基地に、意図的に身体を使い、歩行探索、試しやふり、見立てを楽しむ大切さを伝えます。更に、モノとの関わりや人とのやり取りで生まれる変化やおもしろさに興味や関心を広げる経験が、母子分離につながることを伝えていきましょう。

＊P.78～P.125の1歳児の文例は、1歳児クラスの4月～3月までを想定しています。

キーワード いたずら

健康・発達
食事

わざとコップをひっくり返します

保護者より

S児：1歳10か月

少し前からですが、お茶で遊ぶようになってしまいました。コップに手を突っ込むので注意をすると、わざとコップをひっくり返すなどします。

園ではどうですか？

保育者より

❶お母さんにとっては困ったことですね。園では「ごくごくしてね」とお茶を渡すと飲んでいますよ。

❷2歳近くになると、子どもたちもいろいろな“いたずら”をしてくれます。隙間があれば物を突っ込んだり、衣類かごの服を出したり入れたり…見るもの、触るもの全てに興味津々です。

Sちゃんも、いろいろなことを試したいのかもしれませんね。❸でも、危険なことや本当にされたら困ることは、真剣な表情で手短に言い聞かせると、幼くてもきっと分かってくれますよ。また、おうちでの様子を聞かせてくださいね。

（西本佐代子／のぞみ保育園：和歌山）

子育てを支え・育ちが伝わる ポイント

(花咲宣子/認定こども園かわにしひよし:兵庫)

1 気持ちを受け止めて

お茶で遊んだり、わざとコップをひっくり返したりすることに戸惑っている保護者の気持ちを受け止めています。

2 保護者の子ども理解につながるように

この時期の発達の特徴を伝えています。子どもの行為には何らかの意味があると伝えることは、保護者の子ども理解につながり、専門性を生かした子育て支援となります。

3 対処方法を伝える

危険を感じることや、大人にとってどうしても困ることの対処方法を知らせています。保護者の養育力向上につながることでしょう。

発育・発達の視点から　専門性が光る!

生活行動も遊びの延長

(寺見陽子/神戸松蔭女子学院大学)

お茶で遊ぶのが気になる保護者。注意されるとわざとコップをひっくり返し、「ごくごくして」と言うと飲むS児。この時期、自分のしていることは全て遊びで、大人が求める行動の意味には無頓着です。「ごくごく」と言われれば「ごくごく」するし、注意されるとその状況での保護者との関わりに反応し、時には保護者を試しておもしろがっているのです。生活の様々なことに興味をもち、いろいろな試しやいたずらが見られますが、それも育ちの姿です。生活行動においては、やり方を伝えつつもやり取りを楽しむつもりで関わると、うまくいくかもしれませんね。

キーワード　好き嫌い　イヤイヤ期

健康・発達

食事

食べ物の好き嫌いが出てきたようです

保護者より

M児：1歳11か月

　食事のときに「あれはイヤ！」「これはたべる！」など、意思表示がとてもはっきりとしてきました。家では途中までは自分で食べるのですが、親の膝の上で食べたがることが多いです。最近は気に入らないとポイッと食べ物を床に落としてしまいます。

保育者より

❶園でも、食事のときはしっかりと意思表示しています。❷今日は鶏肉がいやだったようで、少し残しました。でもMくんなりに食べることができたので、たくさん褒めました。❸Mくん、お母さんの膝の上で、きっと甘えたいのでしょうね。好き嫌いが出てくるのも成長の一つとはいえ、いろいろな物を食べられるようになるといいですね。園でも無理のないように見守っていきます。

　今日はたらいの水に氷を浮かべて遊びました。興味津々で身をのり出し、触っていましたよ。カップで水や氷をすくっては、何度も楽しんでいました。

（松山利加／あやの台チルドレンセンター：和歌山）

子育てを支え・育ちが伝わる ポイント

（斎藤三枝／あかつき保育園：大阪）

❶ 子どもの状況を伝え合う

園でも意思表示をはっきりとしていることを伝えています。互いに今の子どもの状況を共有し合うことが、保護者の養育力向上への布石となります。

❷ 子育ての参考になるように

少し残してもM児なりに食べたこと、そしてその“頑張り”を認めて大いに褒めたことなど、M児の園での様子を伝えるとともに保護者の関わり方を知らせています。子育ての参考になることでしょう。

❸ 専門的な視点で書く

M児の気持ちを代弁しつつ、「好き嫌いが出てくるのも成長の一つ」と保育者ならではの視点で伝え、子ども理解と保護者支援につなげます。

発育・発達の視点から　専門性が光る！

イヤイヤ期は気持ちを切り替えられるような工夫を

（寺見陽子／神戸松蔭女子学院大学）

「あれはイヤ！」「これはたべる！」と保護者を手こずらせるM児。生活の諸場面でも恐らく同じようなことに遭遇されているのではないでしょうか。自我が芽生えてきた証拠ですが、「反抗のための反抗」をしていることも多く、本人も何を主張しているのか分からず混乱し、満足する状況にはならないこともあります。気持ちを切り替える方法を工夫したいですね。

食事面でも、好き嫌いが始まりますが、本当に好き、嫌いというよりも、見た目や感じ方で区別してそうなってしまうこともあります。手間は掛かりますが、並べ方や作り方をちょっと工夫してみるのもいいかもしれません。

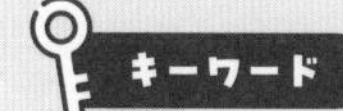
便秘 病院 トイレトレーニング

健康・発達
排泄

便秘がちです

保護者より

J児：2歳3か月

昨日、朝から4回もおう吐し、病院へ。うんちが詰まっていたようで、かん腸してもらうとおう吐も治まりました。おむつでうんちをしたがらないので、休みの日に出掛けると、トイレがなくてタイミングを逃すことがあります。お世話をお掛けしますが、“うんち”となったらトイレに座らせてもらえるとありがたいです。

保育者より

昨日の❶お休みを心配していたのですが、おう吐が治まったようで安心しました。

園でも❷トイレに行っては「ない」と戻って来て、また、すぐ座りに行って…を繰り返していましたが、結局「ない」と言って、今日は出ませんでした。 常に気に掛けておきますね。

今日は運動会で使った❸お買い物セットを使ってお買い物ごっこを楽しみました。レジにペットボトルをかざして、自分で「ピッ！」と言って楽しんでいましたよ。

（前田典子／つくし幼保園：和歌山）

子育てを支え・育ちが伝わる ポイント

(花咲宣子／認定こども園かわにしひよし：兵庫)

1 保育者の姿勢を示す

J児の健康状態を気遣っている保育者の姿勢が伝わります。子どもが健康に過ごすためには、家庭との連携が大切ですね。

2 安心感を与える文章で

便秘で苦しんでいないか、園に迷惑を掛けていないかと心配している保護者にとって、子どもの様子が分かり、安心する文章です。このように、保育中の子どもの心身の状態を把握し、保護者へ報告することは、互いの信頼関係構築の基本となります。

3 園での姿を具体的に知らせる

保育者が感じた成長の姿を具体的に伝えることが、保護者の子どもへの理解を助けます。

発育・発達の視点から

専門性が光る！

安心して過ごす経験を大事に

(寺見陽子／神戸松蔭女子学院大学)

J児の今の現状は、自我の芽生えとトイレトレーニングに葛藤する日々でしょう。気付かぬうちに緊張感を伴う生活になっていたのかもしれませんね。便秘は入れて(食べる)出す(排泄する)ことの滞りです。象徴的には自分の世界の内と外がうまく流れていないということです。自分の体調と食事・運動・排泄の自律的循環が、まだ整っていないのかもしれません。でも、園では買い物ごっこでイメージを楽しむ順調な育ちの姿が見られます。発達の転換期を迎えているのではないでしょうか。周りを受け入れて安心して過ごす経験を大事にしたいですね。

キーワード トイレトレーニング 自我

健康・発達
排泄

失敗したとき、おむつを替えさせてくれません

保護者より

Y児：2歳2か月

少し前から「シ～いく」と、自分からトイレへ向かうことが増えていたのですが、おむつの中に排便したときだけ、泣いて怒り、なかなか取り替えさせてくれません。園で、ご迷惑を掛けていませんか…？

保育者より

園では、排泄を呼び掛けると、急いでトイレに駆け込んでいますよ。❶水を流すときには、「じぶんで！」と言いながら何度も流しています。
❷排便したときは、シャワーで清潔にしており、今のところ泣いたりいやがったりする姿は見られません。洗い終わった後は、「もつ」と言って自分でタオルを片付けてくれます。

今日は節分の集いがありました。Yちゃんは節分の豆（丸めた新聞紙）を一生懸命集めていました。

（東谷由美子／きらぼし保育園：大阪）

子育てを支え・育ちが伝わる ポイント

（花咲宣子／認定こども園かわにしひよし：兵庫）

1 保育者の姿勢を示して

この一文で、Y児が自立に向かっている時期であることや園生活の様子が分かります。また、“何度も水を流している”姿から、子どものペースを温かく見守っている保育者の姿勢が保護者に伝わることでしょう。

2 安心感を与えるように

「迷惑を掛けていないか」と心配している保護者に対し、園では“泣いたりいやがったりする姿”は見られないことを知らせ、安心できるように答えています。また、排便をしたときはシャワーで清潔にしていると伝えると、家庭でも参考にできますね。

発育・発達の視点から　専門性が光る！

できない自分を受け入れ、のり越える

（寺見陽子／神戸松蔭女子学院大学）

自分からトイレに行き、水を流し、タオルも片付けるY児。ところが、排便に失敗したときは泣いて怒り、なかなかおむつを取り替えさせない。できるはずなのに、「おむつの中にしてしまった」そんな自分を人に見せたくない、だからおむつを替えさせないわけです。自我発達の研究者エリクソンは、自分でするという「自立」と、こんなはずはない、自分はこれで良いのかという自分への「疑惑」との葛藤をのり越えていくことが、この時期の自我発達課題であるといいます。自我が芽生えるこの時期、できる自分とできない自分に折り合いをつけるべく、その葛藤をのり越える経験が大切です。

キーワード　トイレトレーニング　パンツ　自立

健康・発達
排泄

お兄ちゃんのまねをして、パンツに挑戦中です

保護者より

H児：2歳10か月

最近、よくお兄ちゃんのまねをしたがるHです。お兄ちゃんがトイレトレーニングを頑張っているのですが、Hもお兄ちゃんのまねをして、「パンツがいい！」と言うので家ではかせています。でも、毎回失敗に終わってしまいます。やる気は十分あるんですけどねー。

保育者より

園でも2歳児をまねて靴を履いたり、自分からトイレに行こうとしたりするなど、意欲満々です。

❶自己主張を始めたこの時期、お母さんも大変かと思います。一緒に頑張りましょう。 ❷おうちでも食事前や外出前など、生活の節目でトイレに誘うようにしてはいかがでしょうか？

進級を控え、ウサギ組とよく交流をしています。最初はお兄ちゃんやウサギ組の子どもたちの様子をじーっと見ているだけでしたが、最近はすっかり慣れて一緒に楽しそうに遊んでいますよ。

（川畑壽美／浅香東保育園：大阪）

子育てを支え・育ちが伝わる ポイント

（花咲宣子／認定こども園かわにしひよし：兵庫）

❶ 保護者を応援する言葉を

自己主張を始める子どもの成長を喜ぶ反面、「あれイヤ」が生活の様々な場面で繰り返されるので、保護者の困惑も一層増すことでしょう。その思いを察しての、保育者から保護者への支援の言葉です。

❷ 援助の方法を提案する

お兄ちゃんをまねたいH児の気持ちに寄り添ってパンツを着用させるものの毎回失敗しているという母親の気持ちを受け止めて、保育者の援助の一つを「どうでしょうか」と提案しています。押しつけがましくないので、保護者も応じやすいですね。

専門性が光る！

発育・発達の視点から

「まねをする」は学びの始まり

（寺見陽子／神戸松蔭女子学院大学）

お兄ちゃんや2歳児のすることをじっと見て、まねをして、自分もしようとするH児。まだ十分にできず何事も失敗が多いものの、一生懸命です。まねをすることは、その行動を繰り返し、その行動への構えをつくるという学びの機会になりますから、H児にとっては貴重な経験です。まねをする度にH児の行動は変化しているはず。その変化を読み取って褒めると良いですね。できる・できないは、H児の内的な成熟（レディネス：新たな行動を獲得する内的な状態）とも関連しますから、時が解決してくれます。環境の配慮とともに、懸命にまねをする姿を褒めることばかけを大切にしましょう。

キーワード 自己主張 自立

健康・発達
発達

「ひとりで！」「じぶんで！」とよく言っています

保護者より

S児：2歳4か月

食後に机を拭いていると、「Sもする」と言ってウェットティッシュを次々と出し、大変なことになりました。

何でもしたがり、「ひとりで！」「じぶんで！」とよく言っています。でも時間が掛かるので待っていられなくて…。

保育者より

❶お母さんのしていることをよく見ていて、お手伝いをしたかったのかな？　でも“ウェットティッシュ”の件は、大変でしたね。

園でもいろいろなことを自分でしようとしたり、服を脱いでいる友達を手伝おうとしたりしています。自分でしようとしていることは❷成長の証ですので、根気良く見守っていきたいですね。

今日は5歳児と一緒にふれあい遊びをしてニコニコでしたよ。

（前田典子／つくし幼保園：和歌山）

子育てを支え・育ちが伝わる ポイント

（花咲宣子／認定こども園かわにしひよし：兵庫）

❶ ねぎらい、共感の一言を

S児は、「ひとりで！」「じぶんで！」という自己主張が盛んな時期を迎えています。親としては「手間も時間も掛かる」と面倒に感じてしまいますが、保育者からの「でも、大変でしたね」の共感の一言で、「分かってもらえた」と安心し、気持ちを切り替えることができるでしょう。同時に、自立に向かって踏み出していることを理解してもらえるといいですね。

❷ さりげなく子育てアドバイスを入れる

「成長の証」「根気良く見守っていきたい」と保育者の思いを伝えることで、保護者へのさりげない“子育てアドバイス”となっています。大人の意図や言葉通りにいかなくなるこの頃を、親子共に育ち合う大切な時期と受け止め、見通しをもって子育てができるよう、後押ししましょう。

発育・発達の視点から　専門性が光る！

自分でできた誇らしさを味わえるように

（寺見陽子／神戸松蔭女子学院大学）

何でもしたがるけれどトラブルメーカー。保護者の困っている様子が伝わってきます。でも、よく見ていると「人がしていたら」という状況がありませんか。お母さんが、お兄ちゃんが、友達がしていることをしたがる…いわば、まねっこ遊びの延長ともいえるでしょう。生活場面では困ったことも起こりますが、状況によっては、したがることのやり方のモデルを見せて一緒に楽しむ、似通ったことを他の物で代行させて自分で楽しめるようにする、S児のできることを与えて、できる気分を味わわせるのもいいかもしれません。自分でできた誇らしい思いを大切にしたいですね。

キーワード 言葉 自我

健康・発達

発達

これからの会話が楽しみです！

保護者より

K児：2歳1か月

昨日、夕飯前に「Kく～ん」と呼ぶと、「あにぃ（何）～？」と応えてくれました。その姿がかわいく、もう一度見たくなって続けて何度か呼びましたが、用事がないと悟ったのか、応えてくれたのはその一回切りで、後は返事をしてくれませんでした。

これから会話ができるようになるのが楽しみです。

保育者より

今朝「Kく～ん」と呼ぶと、顔を向けてくれましたが、「あにぃ～？」は聞くことができませんでした。またの機会に期待しますね。

❶給食のときに「お代わりが欲しい人、誰かな～」と保育者が独り言のように言うと、Kくんは聞き逃さず「はん（ご飯）！」と元気良く応えてくれました。❷私たち保育者もKくんとの言葉でのやり取りを、生活や遊びの中で楽しんでいきますね。2歳を超えると語彙数がますます増えます。たくさんお話できるのが今から楽しみですね。

（筒井智子／サン子ども園：大阪）

子育てを支え・育ちが伝わる ポイント

(海老澄代/とみなみこども園:大阪)

❶ 子どもへの温かなまなざしが感じられる文章で

子どもに関する日常の細やかなひとコマを交換し合いましょう。ここでは給食時のエピソードを具体的に書いているので、K児と保育者との言葉のやり取りがしぜんと目に浮かぶことでしょう。保育者の温かいまなざしが感じられると、保護者はうれしいものです。保育者との信頼関係も一層増すことでしょう。

❷ 喜びを共感できるように

言葉が出始めたK児の成長を共に喜び合う気持ちが、保護者に伝わる文面です。保育者には、このように保護者との共感を大切にしながら、子育てを楽しいと感じられるような働き掛けが求められています。

発育・発達の視点から

専門性が光る!

やり取りで経験する「する自分」と「される自分」

(寺見陽子/神戸松蔭女子学院大学)

　呼ばれて「あにぃ～?」と応えるK児。もう一度応えなかったのは、おうちの方が用事もないのに呼んでいると悟ったからだとしたら、すごい!　ひょっとしたら、他に興味が向いていたからかもしれませんね。いずれにしても、自分が「K」であることを理解していることが分かります。園での「お代わりが欲しい人」という不特定多数に対する声にも適切に反応していますね。自分はKであり、他者との関わりに応えるだけでなく、自分のことを相手に伝える、表現する姿が育っています。言葉のやり取りは、「する自分」と「される自分」という自我の二重性を育てる上でも大切です。

キーワード　食欲　肥満　自我

健康・発達
発達

理解しがたい行為が増えました

保護者より

M児：2歳8か月

　昨日、お兄ちゃんが残した物を平らげて、私のお皿にスプーンを伸ばして、パパにお代わりをおねだりして…大丈夫？　と思うくらいしっかりと完食しました。肥満にならないか心配です。
　最近、靴をいやがり長靴しか履いてくれません。雨が降っていないのに長靴っておかしいですよね…。

保育者より

　Mくんの食欲、すごいですね。大好きな家族と一緒のおいしい夕飯、"いっぱい動いて空腹を感じて、しっかり食べてぐっすり眠る"、子どもにとってこんな幸せなことはないですね。今日は、午睡前に大きな健康便が出ましたよ。❶園でも活動量が増えて、春から比べると体も随分大きくなりました。身体計測での体重の変動も見ておきますね。
　靴の件も、お母さんに反発しているのではなく、❷順調に自我が育ってきた表れと捉えるのはどうでしょうか。今日の戸外遊びは、長靴がぴったりでした。水たまりも気にせず、園庭遊びを楽しめましたよ。

（筒井智子／サン子ども園：大阪）

子育てを支え・育ちが伝わる ポイント

（斎藤三枝／あかつき保育園：大阪）

❶ 保護者の気持ちに寄り添う文章を

肥満を心配する保護者の気持ちに寄り添いながら体重の変動を見ておくことを伝えています。親身さが伝わり保護者の安心感が増し、信頼関係もより深まっていくことでしょう。年齢の目安を超えて食事量が多い場合は、よく噛まずに食べて満腹感が得られないことも推測されます。咀嚼の様子を見守ること、食材の大きさや硬さを工夫したり、少量ずつ盛り付けたりすることなど、食事のアドバイスも添えるとよいでしょう。

❷ 子どもの育とうとしている姿を共有する

「自分の思うことを自分でしてみようとする」ことは、自立に向かう大切な姿です。そのときどきの子どもの様子を“自我の育ち”と合わせて伝え、子どもの育とうとしている姿を共有していきましょう。

専門性が光る！

発育・発達の視点から

子どもの行為は心の表現!?

（寺見陽子／神戸松蔭女子学院大学）

食欲は健康のバロメーター。気になるようでしたら、しっかりと噛んで、ゆっくりと味わって、家族とおしゃべりしてなど、食習慣を見直し工夫するのも一つです。また、長靴はM児なりの心の表現です。運動靴がきつくなっている、どこでも行ける、何でもできる、遊びがおもしろくなるなど、M児にとっての履き心地の良さがあるのでしょう。子どもの行為には必ず意味があります。子どもにとっての意味を読み取り、大人から見て「ちょっと」と思うことがあっても、安全や衛生上特に問題がなければ、共感して見守っていきたいものです。子どもは自分の思いが満たされると次に向かっていきます。

キーワード　赤ちゃん返り　自立

健康・発達
発達

弟が生まれ、時々赤ちゃん返りしています

保護者より

H児：2歳

家では、弟が生まれてから随分甘えん坊になってしまい、すぐに泣きます。でも弟の名前を呼んで頭をなでたり、弟が泣いていると「かーさん、おっぱいあげて」と教えてくれたりもします。毎日複雑な気持ちなんでしょうね。園でもわがままが続くかもしれませんが、よろしくお願いします。

保育者より

❶今日は泣いている友達が気になるようで、横に座ってのぞき込んだり、頭をなでたり、その子が泣きやむまでそばについていましたよ。また、靴を履くとき、いつもなら「やってー」と言って来るHちゃんですが、今日は「Hがするー」と自分で靴を履こうとしていました。
❷園でもHちゃんの思いを受け止めてゆったりと関わっていきますね。

（西本佐代子／のぞみ保育園：和歌山）

子育てを支え・育ちが伝わる ポイント

(海老澄代／とみなみこども園：大阪)

1 保護者の懸念に寄り添う文章を

泣いている友達を気に掛ける姿や、自分で身の回りのことをしようとしている姿など、園でのH児の様子を具体的に伝えています。ふだんから子どもによく接している保育者だからこそできることでしょう。保護者の懸念に寄り添っています。

2 保育の姿勢を伝え安心感を

「Hちゃんの思いを受け止めて…」の記述は、“わがままが続くかも…”とネガティブに捉えている保護者に安心感をもたらすことでしょう。子どもに関する情報の交換を細やかに行なうとともに、保育者の思いを伝えていくことは保護者との信頼関係を一層深めることにつながります。

発育・発達の視点から　専門性が光る！

退行現象は自立への準備

(寺見陽子／神戸松蔭女子学院大学)

弟が生まれ、赤ちゃん返りをしたりお兄ちゃんになったりするH児。保護者が言うように複雑な気持ちが交錯しているようです。園では、泣いている友達を気に掛けたり、自分のことを自分でしようとしたりするなど、成長した姿も見られます。このように、退行と自立を行きつ戻りつしながら、その間にある安定した自分を発見する経験と時間が必要です。こうしたときこそ、甘えを十分に受け入れ、安心感をもたせていきましょう。自我の芽生えとも重なり、H児にとっては苦難のときですが、揺らぎながらも自分の立ち位置を見出して、次の段階に移行していきます。

キーワード　妊娠　甘え

健康・発達
発達

妊娠で寂しい思いをしているのでしょうか？

保護者より

K児：2歳5か月

最近、家でずっと「だっこ～」と言って私から離れようとしません。登園時も「かえる～！」と泣くことが多くて…やっぱり私の妊娠と関係しているのでしょうか？　できるだけ甘えられる時間をつくっているつもりですが、園でも抱っこばかり言っていませんか？

保育者より

❶お母さんも大変ですね。 園ではお母さんが帰った後、友達が遊んでいる様子を見たり、好きな玩具で遊んだりして、元気に過ごしていますよ。今日も❷ぬいぐるみを抱っこして優しくなでていました。

午睡前など寂しくなったときには、そっと保育者の膝に座って甘えに来ることもありますが、何でも自分でしようと頑張っているKちゃんです。これも、❸お母さんがしっかりと向き合っておられるからこそだと思いますよ。お母さんも無理なさらないでくださいね。

（東谷由美子／きらぼし保育園：大阪）

子育てを支え・育ちが伝わる ポイント

(海老澄代／とみなみこども園：大阪)

1 気持ちを受け止め、寄り添う

妊娠という喜びとともに、K児が少し不安になっているのではないかと心配する母親の気持ちを受け止め、寄り添っています。この姿勢は、“子育て支援”における保護者に対する基本的態度となります。

2 園での様子を伝え、安心感を

K児が保護者と別れた後の園での様子を伝えることで、登園した際も「かえる〜！」と泣くことが多いと気に掛けている保護者に、安心感を与えています。特に、ぬいぐるみに優しく接している姿は、生まれてくる赤ちゃんへの接し方とも重なり、うれしく感じることでしょう。

3 信頼関係を築けるように

出産を控え、子育てに悩む母親へのエールとなり、母親自身の自己を肯定することにつながります。保護者の状況や思いを保育者がしっかりと受け止めていることが伝わり、信頼関係が一層増すことでしょう。

発育・発達の視点から　専門性が光る！

癒されていく自分を経験する

(寺見陽子／神戸松蔭女子学院大学)

母親の妊娠で退行気味なK児。抱っこをせがんだり「かえる〜！」と駄々をこねたりしながらも、園では友達や好きな玩具、ぬいぐるみに癒されて、不安な気分を立て直しています。K児は、生活の様々な場面で気持ちは切り替えられることを経験しています。感情統制を学ぶ前段階として、K児が通らなければならない貴重な経験です。

周りの大人が、そうしたK児の揺らぎを見守り、受け止めて支え、荒れた気持ちを安心感に変えて平静を取り戻す経験の積み重ねが重要です。保護者の悩ましい気持ちとK児の不安を受け止めた適切な関わりです。

キーワード 入園 泣く

生活・遊び
生活

まだ園に慣れません

保護者より

D児：1歳2か月

　入園してから2週間もたつというのに、まだまだ泣いて登園するD…。先生に朝、いつも抱っこをしていただいてばかりで、申し訳ないです。

保育者より

　泣いているDちゃんと離れるのは、❶おうちの方にとっても気掛かりなことでしょうね。一日も早く安心して登園できるように、私たちもしっかりとスキンシップをとっていきますね。
　今日は早めに午睡から目覚めました。❷ペットボトルで作ったマラカスを渡してみると、うれしそうに振っている姿がとてもかわいかったですよ。

（東谷由美子／きらぼし保育園：大阪）

子育てを支え・育ちが伝わる ポイント

（花咲宣子／認定こども園かわにしひよし：兵庫）

1 保護者の気持ちに寄り添い、保育者の姿勢を伝える

子どもにとっては初めての集団生活、保護者にとっては久々の職場復帰で、期待と不安はまだまだあるでしょう。まずは、保護者の気持ちに寄り添い、次に、保育者が子どもの気持ちを受け止めながらどのような気持ちで関わり、過ごしているのかを伝えています。保護者と保育者相互の思いが通じ合う中で、信頼関係が構築されていくでしょう。

2 安心感を与える文章を

目覚めてからの遊びも伝えています。「マラカスを振って楽しんでいる我が子の姿を、保育者がかわいいと見ている」ことが保護者の気持ちを和ませ、安心感にもつながるでしょう。

発育・発達の視点から

専門性が光る！

体幹を感じる体験から心の安定へ

（寺見陽子／神戸松蔭女子学院大学）

新しい環境になじむことに、D児も保護者も四苦八苦。D児の不安は、保護者の不安でもあります。あるいは、保護者の不安がD児の不安を増幅させているのかもしれません。まだ2週間ですから、入園したばかりであればもう少し時間が必要です。子どもの安心感は保護者の安心感と連動しています。まずは保護者の気持ちを支えていくことが大切です。発達的には、ちょうど歩行が始まる頃で、手足のバランスをとって体幹を感じる経験が大切です。マラカスを振るのもその一つですが、全身を使っていろいろな姿勢の変化を楽しむようにすると、心の安定につながります。

キーワード 入園 母子分離

生活・遊び

生活

うれしいような、寂しいような複雑な気持ちです

保護者より

J児：1歳6か月

お迎えに行くと、毎日私を見て大泣きしていたJ。家に帰っても機嫌が悪く困っていました。しかし昨日の朝は泣かず、一度は私に抱き付きに来ましたが、すぐに先生や友達の所へ行ってしまったので驚きました。早く慣れてほしかったものの、うれしい気持ちと少し寂しい気持ちで複雑です。

保育者より

❶今まであれだけ泣いていたのにと思うと、大人のほうが戸惑いますね。Jくんはお母さんの顔を見ると安心して、思わず涙が出ていたのでしょう。とはいえ、お母さんには胸が痛む毎日でしたね。以前は送迎時に他の保護者の姿を見ると寂しくなっていたのですが、❷車など好きな遊びが見つかり、新しい生活にも慣れてきたことで、今では安心して遊べるようになりました。私たち保育者もうれしいです。今日は散歩に出掛け、大好きな車を見て大喜びでしたよ。

(境 万輝／白鳩チルドレンセンター南丘：大阪)

子育てを支え・育ちが伝わる ポイント

（斎藤三枝／あかつき保育園：大阪）

❶ 保護者の気持ちに寄り添って

新しい環境になって子どもが慣れるまでの過渡期とはいえ、保護者には不安や戸惑いの日々が続きます。そんな保護者の気持ちに寄り添う文面になっています。子育ての大変さを受け止め、理解していることを示すことも保護者支援につながります。

❷ 成長を共に喜び合えるように

子どもの様子や遊ぶ姿を具体的に伝えることで、保護者はホッとするものです。保育者の関わりや感じたことなども積極的に発信し、子どもの成長を保護者と一緒に喜び合えるようにしましょう。

発音・発達の視点から

専門性が光る！

前に起こったことと後に起こることがつながる

（寺見陽子／神戸松蔭女子学院大学）

J児の突然の変化には、発達的な意味があります。1歳半頃になると、身体的には歩行が安定し、周りのことに対しても、前に起こったことと後に起こることがつながってきます。保持されたイメージを過去の経験と結び付けて、独自の新しいイメージを形成することができるようになります。お母さんがいなくなっても後から会えること、園に着くと友達がいて楽しい遊びがあることが分かり、好きな遊びを一人で楽しむこともできるようになります。母子分離の始まりといってもいいでしょう。本格的には2歳になってからですが、自我が芽生える準備が始まっています。

キーワード　きょうだい　歯磨き　自我

生活・遊び
生活

歯磨きで大暴れ

保護者より

H児：2歳1か月

　家では、ねえね（姉）によく怒られて泣いています（笑）。でも、遊びの仲間に入れてもらえると、すごくうれしそうです！！

　昨日は歯磨きで大暴れしたのですが保育園ではどうですか？

保育者より

❶お姉ちゃんに怒られて泣いているのですね。遊びの仲間に入り、一緒に遊びたいですものね。

　園で歯磨きをするときは、❷自分のタイミングでないときに誘われると、いやがって泣いてしまうことはあります。そんなときは、手遊びなどをして興味をもてるようにしていますが、無理強いしないようにしています。

（西本佐代子／のぞみ保育園：和歌山）

子育てを支え・育ちが伝わる ポイント

（花咲宣子／認定こども園かわにしひよし：兵庫）

❶ 子どもの気持ちを代弁して

「一緒に遊びたいですものね」と共感しながら、H児の立場に立って気持ちを代弁しています。保護者の子ども理解を助け、養育力の向上につながることでしょう。

❷ 専門家としての視点で対処の仕方を伝える

H児が歯磨きをいやがったのは“自分のタイミングではなかったから”と自我の育ちを見守っている保育者ならではの言葉です。また、不安定な感情を表出して“大暴れ”した場合の園での対応や、配慮の仕方を適切に伝えています。

発育・発達の視点から　専門性が光る！

自分の意向が明確に

（寺見陽子／神戸松蔭女子学院大学）

H児には、泣くことでお姉ちゃんと遊びたいという思いをぶつける、歯磨きも自分のタイミングでないといやがるなど、自分の意向が明確にあります。月齢を重ねるごとに、周りに対する自己表現が異なってきます。2歳を超えると自我が芽生えてくることはご存知の通りですが、この時期の自己主張には子どもなりの意味があり、対応が難しくなってきます。自分の意向や存在感が明確になってきたというポジティブな視点から育ちを捉え、気持ちの切り替えを経験できるように心掛けたいものです。

キーワード　お風呂　着脱

生活・遊び　生活

自分で衣服を脱ぐことに挑戦しています

保護者より

D児：2歳5か月

最近、なかなかお風呂に入りたがりません。少しでも遊んでいたい感じです。お姉ちゃんが先に入って、その後、お風呂場から呼んでようやくです。上の服はまだ自分で脱げずに苦戦しています。片方の腕は脱げても、もう片方が難しいみたいです。

保育者より

お風呂よりももっと遊んでいたい気持ちなのかな。服は、園でも自分で脱ごうとしています。
❶保育者と一緒に袖口を持って腕を片方ずつ抜き、うまくいくと「できた！」とうれしそうです。

今日は園庭で、しっぽ取りをしました。❷保育者が付けている腰のひもを「まてまて〜」と一生懸命追い掛けて、取ることができると「みて〜」と得意そうにしていましたよ。

（雨堤香菜子／認定こども園たちばな保育園：大阪）

子育てを支え・育ちが伝わる ポイント

（花咲宣子／認定こども園かわにしひよし：兵庫）

❶ 園での実際の対応策を伝える

衣服の着脱がうまくいかない我が子の様子を伝える保護者の気持ちを受けて、園での対応策を示しています。介助方法とともに、「できた！」とうれしそうなD児の姿も伝えています。このように、日々のコミュニケーションを大切にしていくことが「園」の特性を生かした子育て支援となります。

❷ 園でのひとコマを具体的に

今日の保育のひとコマを知ることは、保護者にとってうれしいものです。園庭遊びでは“保育者を追い掛けるのが楽しい”“しっぽを取るのが楽しい”“しっぽを取ると得意そうにしている”という姿を詳しく書いています。このように、D児が今興味や関心をもっていること、育ちつつある姿を知らせましょう。保護者の子ども理解を助けます。

発育・発達の視点から

専門性が光る！

生活行動は隠れているモノ、見えないモノを探る経験

（寺見陽子／神戸松蔭女子学院大学）

服の着脱だけでなく、歯磨きや排泄の始末など生活習慣上のことは、自分では見えない所を自分の手で操作しなければなりません。手先の運動も認知機能も未分化な子どもにとって至難の業です。子どもの感覚で捉えられる、子どもの目線からの具体的なことばがけが大切です。難しくても生活上のことを自分でする経験は、指先の器用さを促し、何よりも自分の存在感や自分でできる誇らしさが自我を育てます。認識的には、目に見えない世界があることへの気付きを与えます。そうなると遊びの中でも、隠れているモノを探す、見えないモノを追い掛けるといったことがおもしろくなります。

キーワード　年末年始　夜更かし　粘土遊び

生活・遊び
生活

年末年始で生活リズムが乱れています

保護者より

G児：1歳11か月

　年末年始、実家に帰っていたので少し生活リズムが乱れています。夜更かしや朝寝坊をしていたので、園の生活リズムに戻るまで途中で眠くなったり、逆に昼寝しなかったりしないか心配です。

　今年も一年よろしくお願いします。

保育者より

　あけましておめでとうございます。今年もよろしくお願いいたします。

　久しぶりの園でしたが、❶いつも通りにお昼寝をしました。

　粘土を出すと❷ちぎったり、細く丸めた物を保育者に手首に付けてもらったりしてうれしそうにしていました。外れると「つけてー」と何度も言ってましたよ。 友達と一緒に遊ぶことが楽しかったみたいで心配されるようなこともなく、機嫌良く過ごせました。

（川東真弓／認定こども園たちばな保育園：大阪）

子育てを支え・育ちが伝わる ポイント

(花咲宣子／認定こども園かわにしひよし：兵庫)

1 保護者の気持ちを理解する

年末年始に不規則な生活をさせたと気に掛けている保護者の気持ちを受け止め、「いつも通りにお昼寝をしました」と返答しています。保護者の思いに理解を示すことは、保育者との信頼関係をよりつないでいくことでしょう。

2 保護者支援の役割を果たせるように

園での遊びのひとコマを具体的に伝えています。その中で「『つけてー』と何度も言ってましたよ」と、言葉を使い始めた子どもの様子を知らせることも、保育と密接に関連した保護者支援になります。

専門性が光る！

発育・発達の視点から

自分の行為に始まりと終わりをつくることで内と外に気付く

(寺見陽子／神戸松蔭女子学院大学)

粘土をちぎったり丸めたりくっ付けたりすることは、感覚的な快感やモノの変化をつくり出すおもしろさがあります。また、モノをつなぐ行為は意味をつくり出すことであり、今の出来事は次の出来事を生み出すという気付きを与えます。

この時期はイメージが発達し始めるので、できてくるモノのイメージを他のモノに置き換え、自分なりの「つもり」をもつようになります。それは自分の行為で内面と外界をつなぎ、その行為に始終をつくることで、囲まれた内部とそうでない外部に切り分けること、つまり内と外の世界の存在への気付きを与えます。それが自我の芽生えにつながります。

キーワード　シール貼り　予防接種

生活・遊び
遊び

シール貼りがお気に入りです

保護者より

S児：1歳2か月

　昨日予防接種に行き、お医者さんから泣かなかったご褒美にシールをもらいました。そのシールをずっと手に持ち、帰宅後もご機嫌でおとなしく遊んでいました。ごはんができたので呼びに行ったら、もらったシールを窓ガラスにペタペタ…「どう？すごい？」と言わんばかりの得意げな笑顔でした。

保育者より

❶泣かずに注射できたのですね。Sくんよく頑張りました。❷体調の変化を見ておきますね。

　ご褒美のシールがうれしかった様子やおうちで楽しそうにペタペタと貼っている様子が目に浮かびます。満面の笑顔だったのでしょうね。園でもフラワーペーパーをクシャッと丸めたり、シールを貼ったりすることを喜んでしています。これからも❸テープ剥がしや小麦粉粘土などの、指先を使う遊びをどんどん取り入れていきますね。

（筒井智子／サン子ども園：大阪）

子育てを支え・育ちが伝わる ポイント

（花咲宣子／認定こども園かわにしひよし：兵庫）

1 子どもの成長を共に喜び合えるように

保護者の気持ちに共感しながら、共に成長を喜ぶ気持ちを伝えています。伝え合うことで相互理解が図られるとともに、保護者の子育てに対する自信や意欲を支えることにつながるでしょう。

2 保育者の姿勢を伝え、安心感を

予防接種は副反応が出現することもあるので、体調の変化に留意していることを伝えます。保護者は安心し、保育者への信頼も増すでしょう。

3 専門的な視点で

つまんだり、めくったりするなど指先の機能の発達を踏まえ、手指を使う遊びを積極的に取り入れていくという保育の意図を伝えています。

発育・発達の視点から　専門性が光る！

指先が徐々に器用に

（寺見陽子／神戸松蔭女子学院大学）

注射のご褒美にもらったシールを大切に持っているS児。そこにはS児の思いが含まれています。慰めてもらった、気分を変えてもらった…この頃の子どもにとってシールは魅力的なものです。シールは自分で剝がすことができて（指先が使える）、すぐに貼ることができる（結果がすぐ分かる）という優れもの。まだ不器用で、なかなか自分の思い通りにできない中、自分でできた達成感を得ることができる数少ない動作です。園でもシールを貼って喜ぶ姿が見られます。シールだけでなく、モノを丸める、破るなど、指先を使う活動をしっかりと経験できるようにしたいですね。

生き物が大好きです

保護者より

G児：2歳1か月

体調は、変わらず元気です。

実家でじーじー（祖父）と散歩に行って、カエルを見つけて大はしゃぎです。お兄ちゃんが捕まえると、Gはすごい近距離で観察！

昨夜の手巻きずしも最高にテンションが上がっていました。

保育者より

ご実家で楽しく過ごされたようですね。

カエルに顔を近づけて見ている❶Gちゃんの姿が想像できます。園でもよく飼育ケースのアオムシをじーっと見ています。動くと「おーっ！」と声を上げて「みて！」と保育者やお友達に教えてくれます。

❷近頃は生き物に興味をもっていますよね。

（花咲宣子／認定こども園かわにしひよし：兵庫）

子育てを支え・育ちが伝わる ポイント

（藤本員子／元・大阪樟蔭女子大学）

❶ 家庭支援を意識して

日々、G児と共に過ごしている保育者だからこそ、この一文が出てきます。後に続くエピソードで、園でのわが子の様子が分かり、一層保護者の子ども理解につながることでしょう。何げない子どもの姿であっても伝え合い、子育てを楽しいと感じられるように働き掛けていくことも、大切な家庭支援の一つです。

❷ 子どもの姿の相互理解を目指して

園で飼育しているアオムシを実際に見る中で、他の生き物への興味や関心を高めていったのでしょう。今の子どもの様子を伝え、保護者との相互理解を図るように努めましょう。

発育・発達の視点から
専門性が光る！

見つめられる自分から見つめる自分へ

（寺見陽子／神戸松蔭女子学院大学）

虫にじっと見入るG児。虫は自分より小さく弱いけれど、玩具と違い、自ら動き、子どもの思うようには動きません。小さくて周りから見つめられ世話され愛される存在である今の自分と重なり、今度は自分が「見つめ、愛する側」になる経験をもたらします。園では動植物を育てる経験を大切にしますが、それは、こうした経験が大切だからです。虫に興味をもち、見つめながら次第に世話をするようになります。自分と異なる生き方をするものの存在に共感や思いやりをもつ機会が、友達との関わりへとつながっていきます。

キーワード お風呂 泡遊び 寒天遊び 自我

生活・遊び

遊び

泡遊びにハマっています

保護者より

J児：2歳1か月

　お風呂に入ると、ボディーソープで泡だらけになって遊ぶことに、最近ハマっています！
　「もう出よう」と言うと、「イヤ〜」と大騒ぎです。自分が楽しんでいるときはご機嫌なんですけどね。思い通りにならないと気が済まない様子です。Jちゃんに向き合いつつ、一緒にのり越えていければと思っています。

保育者より

　Jちゃんにとっては楽しいひとときだと思いますが、❶お母さんは大変ですね。それでも今のJちゃんの姿を受け止めて関わっておられるのはすごいですね。❷園でもJちゃんの気持ちに寄り添って関わっていきますね。
　今日は固さの違う寒天を用意して遊びました。❸固さの違いに気付いてくれるかな〜と期待していると、Jちゃんが真っ先に気付いてくれて、固い寒天を探してはギュッと力いっぱい握り潰して楽しんでいましたよ。

（斎藤三枝／あかつき保育園：大阪）

子育てを支え・育ちが伝わる ポイント

（花咲宣子／認定こども園かわにしひよし：兵庫）

1 子どもへの関わり方を認める

この時期の子どもは、珍しい物、興味のある物があると、触ったり試したりする行動が見られます。大人にとっては困ることが多いのですが、それを「大変ですね」と労い、J児への関わり方を「すごいですね」と認めていくことは、保護者の養育力の向上につながることでしょう。

2 保育者の姿勢を示す

「園でも」で始まることによって、保育者の関わり方を伝えながら、気持ちに寄り添うことの大切さを保護者にさりげなく伝えています。

3 子ども理解につながるように

「固さの違い」に気付いてほしいという保育のねらいとともに、J児の姿を具体的に伝えて、子ども理解と保護者支援につなげています。

専門性が光る！
発育・発達の視点から

モノの変化を感覚で知る

（寺見陽子／神戸松蔭女子学院大学）

思い通りにならないと気が済まないJ児。ちょうど自我が芽生える時期でもあり、周りからすると聞き分けのない感じがします。泡、寒天といった物は自分の思う通りにできるモノであり、感覚的な心地良さや解放感を感じさせるモノです。だからやめられない。この時期、自分の思ったように変化するモノとの関わりは、遊びたい気持ちを満たし、心理的安定感や自己肯定感を高めるので大切な経験です。水、砂、粘土なども同様です。でも、確かにお風呂でボディーソープがなくなる事態は避けたいですね。やりたい気持ちに共感しながら、適切な使い方を知らせていきたいものです。

キーワード　散歩　活発

生活・遊び

遊び

外に行くのが大好きです

保護者より

S児：2歳3か月

　最近は外に行きたくて仕方がないようです。目を離すと一人で玄関に行って靴を履いて待っています。「ママも履いて！」と言わんばかりに私の靴まで出してくるので困ります。「後でね」と言うと玄関に座り込んで怒っています。本当に活発になってきました…。

保育者より

　お母さんの靴まで用意しているのがとてもかわいいですね。❶座り込んで怒っている姿が目に浮かびます。園でも、園庭や散歩に行くのが楽しみで靴を急いで取りに行っていますよ。

　遊びも活発になってきて、すべり台を滑ったり、ボールを追い掛けたりしてとてもうれしそうです。

❷今日もお気に入りの雲梯のはしごを何度も上り、バスが通り掛かると「おーい」と手を振っていましたよ。

（松山利加／あやの台チルドレンセンター：和歌山）

子育てを支え・育ちが伝わる ポイント

（花咲宣子／認定こども園かわにしひよし：兵庫）

1 園での様子を具体的に伝える

家庭での子どもの姿や保護者の思いを受けて「目に浮かびます」と返しています。日頃接している保育者ならではの言葉です。その上で、「靴を急いで取りに行く」など具体的な姿を伝えることで、家庭と同様なS児の様子が分かります。このように日々、コミュニケーションを取り合うことは、保護者支援の一つです。

2 子ども理解の助けとなる一文を

保護者の「活発になってきた」の言葉に共感しています。何度も雲梯のはしごを上り、バスに手を振る姿を記すことで、S児の更なる成長を知らせることにつながり、子ども理解の一助になることでしょう。

発育・発達の視点から

専門性が光る！

身体運動の多様化は認知の発達を促す

（寺見陽子／神戸松蔭女子学院大学）

2歳を過ぎると、基本的全身運動が多様化してきます。すべり台やボール遊びを全身で楽しむだけでなく、端っこを歩いたりかけっこをしたりすることも楽しみます。外に出掛けることが大好きなのは、こうした全身運動が多様に楽しめるからです。身体運動の発達は、時空間の認知の発達を促します。靴を履いて待つ、お母さんの靴を用意する、「後でね」に怒る、これら一連のS児の行動は、お出掛けにまつわる「過去の経験」が、お出掛けしたい「今」に集約され、後でねの「未来」が待てないという時系列の中で紡ぎ出されています。後先が少し分かり始めています。

キーワード　言葉　歌　人との関わり

生活・遊び
遊び

たくさんお話してくれます

保護者より

Y児：1歳11か月

　だんだん言葉が増えてきて、たくさんお話してくれるようになりました。今日も園でうたっている歌を私に教えてくれました。時々、何を言ってるのか分からなかったですが…。先生に教えてもらった『くまさんくまさん』の歌をうたうと、楽しそうに足を上げたりクルクル回ったりするのを見て、びっくりしました。

保育者より

　たくさんお話ができるようになってきたYちゃん。園でのことをお母さんに伝えようとしているのでしょうね。❶お母さんも早速『くまさんくまさん』を歌ってくださったのですね。まねっこ遊びを楽しんでいるYちゃんの様子が目に浮かびます。

　今日はYちゃんと積み木で遊んでいました。積み上げた積み木が倒れると、「あ～あ」と言って保育者の顔を見て笑っていました。❷この頃は友達に関心が出てきたようで、一緒に玩具で遊ぶ姿をよく見掛けます。

（海老澄代／とみなみこども園：大阪）

子育てを支え・育ちが伝わる ポイント

（斎藤三枝／あかつき保育園：大阪）

1 保護者の気持ちに共感する

保育の中で取り上げている歌を保護者に知ってもらうなど、ふだんから保護者との交流が良好であることが伝わってきます。また、わが子の成長を喜ぶ保護者の気持ちに共感する姿勢も感じられる一文になっています。このようなやり取りの中で、互いの信頼関係が一層深まっていくでしょう。

2 保育者目線の子どもの育ちを伝える

保育室でのエピソードとともに、周囲の友達への興味や関心が芽生え、関わりをもとうとしている姿を知らせています。今のその子の育ちを保育者の視点から伝えて客観的に理解してもらうことも、大切な保護者支援の一つです。

発育・発達の視点から　専門性が光る！

まねをすることが「今（現実）」と「内的世界」をつくる基盤に

（寺見陽子／神戸松蔭女子学院大学）

『くまさんくまさん』の歌詞に合わせて足を上げたりクルクル回ったり、積み上げた積み木が倒れると「あ～あ」と言って保育者の顔を見たりするY児。自分の存在が周囲との関係の中に位置付けられていることを理解し、即応する姿が見られます。いずれの場面も、保護者や保育者という周りの大人の存在を軸に行動が引き起こされています。生活面でも友達に興味を示し始め、人とのつながりの中で生きることが始まっています。「まねをする」ことは大人の動きや友達の動きを自分の中に取り入れ、自分の「今（現実）」をつくる源泉になるとともに、自分の内的世界をつくる基盤になります。

生活・遊び

遊び

焼き餅を焼きます

保護者より

M児：2歳5か月

同じ年齢の従妹と仲良しのM。でも、私が従妹とばかり遊んでいると“焼き餅”を焼いて急に従妹をひっかくことがあります。今日も手を出したM！ ついイライラし、大きな声でしつこく叱ってしまいました。時間がたち、後悔の気持ちでいっぱいです。

保育者より

Mちゃんは従妹にお母さんを取られてしまうようで心配だったのでしょうね。❶叱った後は気持ちがモヤモヤしてしまいますね。❷叱った後はその倍の愛情を注ぎ、ぎゅっと抱きしめてあげるといいですね。笑顔で終わらせると子どもも安心してくれますよ。

今日のMちゃんは朝からご機嫌でした。園庭で友達と一緒にしっぽ取りをして遊びました。

(境 万輝／白鳩チルドレンセンター南丘：大阪)

子育てを支え・育ちが伝わる ポイント

（斎藤三枝／あかつき保育園：大阪）

❶ 保護者の気持ちをくみ取って

わが子を叱ったことを後で後悔している保護者の気持ちを受け止め、思いを代弁しています。状況を踏まえ、その時々の保護者の気持ちをくみ取っていくことも、安定した親子関係を保つことに寄与するでしょう。

❷ 対処方法を伝える

叱った後のフォローの仕方を具体的に分かりやすく伝えています。叱られた子どもも安心感をもつことができますね。親子関係も深まるのではないでしょうか。

発育・発達の視点から
専門性が光る！

「焼き餅」は好きと嫌いの間の気持ち

（寺見陽子／神戸松蔭女子学院大学）

　母親が従妹とばかり遊んでいると焼き餅を焼くM児。母親の目が自分に向いていないと、「わざといやがることをする」行為はこの時期によく見られます。おそらく身近なモノとの関わりにおいても「わざと隠す・壊す」といった行動をしているのではないでしょうか。「わざとする」行為の裏には、自己の存在のアピールと、アピール対象となる人・モノへの両義的な意味（例：好き・嫌い）が隠されています。ここでは、母親だけでなく仲良しの従妹の気も引きたいM児の微妙な思いがあるといっても良いでしょう。好きと嫌いの間の微妙な感情が育ってきています。

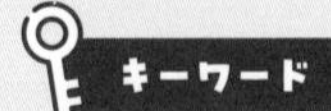

公園　家族間の関わり

生活・遊び

遊び

すべり台にヒヤヒヤしました

保護者より

G児：2歳

　昨日、家族みんなで大きな公園に行きました。暖かい日ざしの下、遊具でしっかり遊びお弁当を食べて楽しい一日でした。子ども用のすべり台でも、お兄ちゃんたちの後を追いぐんぐん上り、シューと降りてくるGくん。見ているほうがヒヤヒヤしました。パパがずっと追い掛けていました。帰りの車中では、疲れて熟睡でした。

保育者より

　昨日はお天気も良く、お出掛け日和でしたものね。❶笑顔でお弁当をおいしそうに食べている楽しそうな姿が目に浮かびます。

❷本当にいろいろな動きができるようになり、園でも全身を使ってダイナミックに遊んでいますよ。❸“やってみよう”と挑戦する気持ちが、子どもを成長させてくれます。これからも安全面に配慮しながら、Gくんのやってみたい気持ちを大切に見守っていきたいと思います。

（筒井智子／サン子ども園：大阪）

子育てを支え・育ちが伝わる ポイント

（藤本員子／元・大阪樟蔭女子大学）

1 共感できる内容を

日頃から生活や遊びの面で関わっている保育者だからこそ、G児の楽しそうに食べている姿が目に浮かびます。文面からも子どもに注ぐ優しいまなざしが感じられ、保護者の共感を得ることでしょう。

2 子ども理解につながるように

2歳頃になると、両足で跳ぶ、走る、またぐ、くぐる、しゃがむなどの基本的な動作を獲得していきます。子どもの成長した姿を保護者と共有することで、保護者の子どもへの理解を助けることにつながります。

3 保育者の視点や思いを伝える

子どもの心情を大切に、自ら関わろうとする意欲を促したいという保育者の視点や思いを保護者に伝えていくことも、保育者の仕事の一つです。

発育・発達の視点から　専門性が光る！

スリル感がバランス感覚と体幹軸を育てる

（寺見陽子／神戸松蔭女子学院大学）

2歳を過ぎると、全身運動もダイナミックになり、手先もかなり使えるようになってきます。自分の思う所に自由に出掛け、周りの環境への興味が一層増してきます。自分でやりたいことが増え、体を用いていろいろなことに挑戦して、大人から離れて好きなことをして過ごすようになります。わざと危ない橋を渡ったりぐんぐん登ってシューと滑ったり、大人をハラハラさせますが、そのスリル感がバランス感覚と体幹軸の育ちにつながります。安全に十分に配慮して、自分の思いで全身を動かす経験を大切にしたいものです。こうした経験が自我の育ちにもつながっていきます。

キーワード　けんか　きょうだい

生活・遊び

遊び

兄弟げんかもほほえましく思います

保護者より

Y児：1歳10か月

　昨日もお兄ちゃんと電車で遊んでいました。お兄ちゃんが張り切ってYのためにレールをつなげてくれるのですが、自分でしたいYはお兄ちゃんが作った物を片っ端から外していきます。そして、お兄ちゃんが怒ってしまいYも怒って…、最後にはYが泣いて終わりました。うまくいかないものだなと感じながら、そんな姿もほほえましいです。

保育者より

　お兄ちゃんはYくんのために作っているつもりなのに❶壊されてショックだし、Yくんも自分でしたい思いが強くなっているのでぶつかるのでしょうね。そんな兄弟げんかを❷“ほほえましい”と少し余裕をもって見ているお母さん。すてきですね。

　昨日、収穫したトウモロコシを入れて、保育室でご飯を炊きました。炊飯器の中を「うわ～」とのぞき込んでいました。Yくんはご飯を真っ先にパクパクと食べていましたよ。

（海老澄代／とみなみこども園：大阪）

子育てを支え・育ちが伝わる ポイント

（花咲宣子／認定こども園かわにしひよし：兵庫）

❶ 子どもの思いを共有できるように

電車で遊んでいる場面での各々の子どもの思いを、言葉を変えて保護者と共有しています。保育者と保護者の信頼関係は、このように相互の意思疎通の積み重ねで一層構築されていくことでしょう。

❷ 保護者の思いを尊重し共感する

双方の子どもの思いを理解しているからこそ「うまくいかないものだな」と感じながらも、ほほえましく成長を見守ろうとしている保護者への応援の言葉となっています。保育者からの「すてきですね」には子どもへの愛情や成長を喜び合う気持ちが込められ、それが保護者に伝わることでしょう。

相手の意向が分からない

（寺見陽子／神戸松蔭女子学院大学）

つながったレールを片っ端から外していくY児。自分でしたかったのもありますが、ひょっとしたら一緒に遊んでいるつもりだったのかもしれません。この時期、まだ相手と自分の世界に区切りがなく、相手の意向を読むことができません。一緒にするという行為も自分勝手な動きになり、一緒にしようとしたつもりがいつの間にか自分がしていることになるなどして相手とトラブルになります。おそらくY児は、お兄ちゃんがなぜ怒っているのか分からず理不尽な思いになって泣いたのでしょう。こうしたトラブルを通して、次第に相手の存在を理解するようになっていきます。

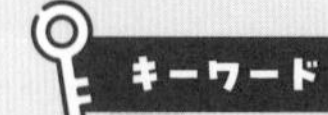

お絵描き　きょうだい　まね

生活・遊び
遊び

何でもお兄ちゃんのまねをします

保護者より

D児：2歳1か月

夕食後、お兄ちゃんと一緒にお絵描きを始めたD。いつもはクレヨンで描いているのに、今日はお兄ちゃんのペンを一緒に使っていました。案の定、手にもたくさん描いていて、そのままお風呂に直行です。何でもお兄ちゃんのまねをしたがるようになり、これからが思いやられます。

保育者より

❶お兄ちゃんと一緒にするお絵描きは、楽しかったでしょうね。“お兄ちゃんと一緒”の気持ちは、これからもっと強くなると思います。これも成長の一つとして温かく見守っていきたいですね。

今日は園庭でボールを投げたり、追い掛けたりして遊びました。友達も加わり、みんなでたくさん体を動かしたので、ちょっぴり汗ばんでいました。❷友達と一緒に遊ぶことができるのも、お兄ちゃんとおうちでいつも一緒に遊んでいる経験があるからでしょうね。

（南岡ひとみ／一麦保育園：兵庫）

子育てを支え・育ちが伝わる ポイント

（海老澄代／とみなみこども園：大阪）

❶ 子ども理解の手助けを

昨夜の家庭でのD児の様子を受けて、保護者が「これからが思いやられる」と感じていることでも、保育者の視点から見ると「D児にとっての楽しいひとコマ」であることを文章で表現しています。成長する上で大切な経験なので、ポジティブに捉えてほしいという保育者の思いを伝えることは、保護者の子ども理解の一助となり、養育力向上にもつながるでしょう。

❷ 子育ての自信につながるように

家庭での経験が友達との関係づくりにつながっていることをプラスのメッセージとして伝えることで、保護者の気持ちに共感し、子育てへの自信や意欲を高めてくれることでしょう。

発育・発達の視点から　専門性が光る！

相手をモデルに、同じことをしながら自分を発見する

（寺見陽子／神戸松蔭女子学院大学）

お兄ちゃんと一緒にする楽しい経験は、D児の育ちに大きな影響を与えます。お兄ちゃんのまねをして同じことをする…お兄ちゃんと自分を同一化し、お兄ちゃんをモデルに、クレヨンやペンを使うこと、絵を描いて表現すること、一緒に過ごすことの意味も知っていきます。それらは、他の友達との関わり方のモデルになり、人との関わり方に広がりをもたせます。また、自他の違いに気付くきっかけになっていきます。

近年、きょうだいの少ない子どもが多くなっていますが、そんな今だからこそ、園では異年齢の子ども同士が関わりをもてる機会を大切にしたいものです。

2歳児の連絡帳

文例の前に、2歳児の育ちに関する保護者の不安や喜びの気持ちを知り、
保護者と共有しておきたい発育・発達のポイントを押さえましょう。

配慮したい保護者の気持ち

＼ 保護者と共有したい ／

2歳児の発育・発達のポイント

（寺見陽子／神戸松蔭女子学院大学）

自我の芽生え

2歳を過ぎると、ふりやまねをしながら歩いたり、その場で跳んだり回ったりするなど、全身運動がダイナミックになってきます。手先の器用さも増し、自分の思いをもっていろいろなことに取り組むようになります。

生活面でも、自分の身の回りのことを自分でしようとするようになり、自我が芽生えます。

できる自分とできない自分の葛藤をのり越えていく

他の子どもに興味をもち、簡単なやり取り遊びやごっこ的な活動も見られるようになります。独り言を言いながら一人でも遊べるようになります。人とのやり取りを通して、「みんなと同じ自分」と同時に「ちょっと違う自分」にも気付き、他者の存在を認識する機会になります。

このように、何でも自分でしようとする経験や、友達との出会いの経験は、多様な葛藤体験と感情体験、言葉で自己表現する機会になり、感情や言葉を豊かなものにします。2歳児は、自我の芽生えとともに、できる自分とできない自分の葛藤をのり越え、養育者や保育者から分離していくことが課題です。

連絡帳で伝えるときは…

自ら取り組める生活環境、全身や手先を使った自己表現ができる環境の大切さを伝えます。また、思いを言葉で表現したり感情を切り替えたりできるように、子どもの気持ちを満たすなど、保護者が自我の芽生えを促す関わりができるよう支えましょう。

＊P.128～P.175の2歳児の文例は、2歳児クラスの4月～3月までを想定しています。

キーワード　風邪　薬

健康・発達
健康

薬を飲ませるのにひと苦労でした

保護者より

M児：3歳2か月

やっとせきが治まってきたので、薬の服用を一旦やめようと思います。「にがいからイヤ」と言って薬を飲ませるときはひと苦労でした（飲む間際まで隠すなどしてみたのですが）。園では薬をいやがっていないとのこと、どうしてでしょう。先生方にもお手間を取らせたと思います。ありがとうございました。

寒さでまた体調を崩すかもしれませんが、元気でいてほしいです。

保育者より

せきが治まって良かったですね。❶園では、白湯に混ぜて飲ませていますが、時間がたつと苦味が出る場合があるので、飲む直前に混ぜて、服用後はすぐに白湯を飲ませ、口内に薬の苦みが残らないようにしています。特にいやがる様子もなく、今日も「おみずいれてちょーだい」と言ってコップを持って来ました。❷薬のない日は白湯を入れてあげて、「魔法のリンゴ味の粉。パラパラ〜」と粉を入れるふりをすると、「リンゴあじおいしい〜」と言いながらゴクゴク飲んでいました。❸暖房を入れると空気が乾き、せきが出やすいので、部屋を加湿するなど配慮していきますね。

（河下眞貴子／奈良）

子育てを支え・育ちが伝わる ポイント

（田中三千穂／元・大阪樟蔭女子大学）

❶❷ 具体的な方法を示して

薬を“隠す”という行為は、かえって不信感につながり、薬嫌いを助長してしまうことがあります。また、薬には、飲ませ方に注意が必要なものなどがあることを踏まえて、参考として飲ませ方のコツを幾つか紹介しようとしています。

❸ 園での配慮を伝える

またせきが出るのでは…という保護者の不安を受け止めて、園での配慮を記入しています。

専門性が光る！

発育・発達の視点から

甘えながら自立していく過程

（寺見陽子／神戸松蔭女子学院大学）

M児は、家では薬を飲むことをぐずり、園では自分でコップを持って来て薬を飲んでいます。甘えた自分は家で、しっかりした自分は園でと二面性を見せています。まだ十分ではないものの、言葉で自分を表現し、甘えながら自分をコントロールすることを学びつつある姿のように思います。何でも自分でしようとするようになると、大人はつい、自立に向けたしつけを考えてしまいます。そして、自分一人ですることを奨励しがちです。しかし、自立は、その緊張を誰かに甘えてほぐしながら達成していくものなのです。生活面での自立が始まるこの時期、甘えながら自立していく過程に寄り添い、見守っていきたいものです。

キーワード 食事 好き嫌い

健康・発達

食事

楽しそうに給食の話をしてくれました

保護者より

T児：3歳2か月

　昨日は七夕会がとても楽しかったようで、歌をうたい、お話をたくさんしてくれました。「ピンクのつるつる、たべた！　みんなでたべたよ」とうれしそうに何回も言っていました。そう麺が色付きだったのでしょうか？　好き嫌いの多い子なので、楽しそうに給食の話をしてくれて安心しました。

保育者より

　家でもお話してくれていたのですね。Tちゃんの言っていた“つるつる”は、お吸い物の中に入ったそう麺のことですね。

　❶天の川をイメージした、ピンク、緑、白のそう麺が入っていました。Tちゃんはピンクがうれしかったようで、一番始めに食べていました。❷ちらし寿司に入った星形のニンジンもすぐに見つけて「おほしさま！」と言ってしばらく眺めていました。いつもはちょっと苦手なニンジン、でも喜んで食べていましたよ。❸いろいろな食材をおいしく食べられるよう、これからも工夫していきますね。

（西岡理恵／認定こども園：奈良）

子育てを支え・育ちが伝わる ポイント

(田中三千穂／元・大阪樟蔭女子大学)

❶ 園での様子を知らせる

その昔、中国から伝わったというそう麺。七夕に食べると病気にならないという言い伝えがあるそうです。天の川をイメージした彩りのそう麺汁。子どもたちの健康を願う園の思いが伝わるようです。

❷❸ 園の食育への姿勢も伝えて

工夫された給食献立を伝えています。園の食育への思いを知らせていくことは、家庭での献立作りへの意欲も刺激することでしょう。

発育・発達の視点から
専門性が光る！

食経験を多様にする

(寺見陽子／神戸松蔭女子学院大学)

偏食があってもピンク色のそう麺や星形の苦手なニンジンを喜んで食べるT児。状況が異なると食べることができるという食経験をしています。色や形が変わったり、口当たりが良かったり、友達がいたりすると食べることができる経験です。この時期の偏食は、味覚の好き嫌いより、見た目の好き嫌いにも影響されます。そのため、色や形を変えたり食事環境を変えたりすることで、偏食の改善や体調不良時の食事の困難をのり越えることができる場合があります。自分で食べることへの意欲が高まるこの時期、生活の中で多様な食経験をもたせることの大切さを示しています。

キーワード　パンツ　イヤイヤ期　トイレトレーニング

健康・発達

排泄

園では排泄できるのに家ではできません

保護者より

F児：2歳5か月

先生から「今日もトイレでおしっこできましたよ」と教えていただいたので、家に帰ってさっそく紙パンツから布パンツにはき替えさせようとすると、「イヤだ！　こっちがいい」と紙パンツを脱ごうとせず…。そのままおしっこが出てしまい、「でたー」と伝えてくれました。「おしっこはどこでするの？」と聞くと「トイレ！」とちゃんと答えます。園ではトイレでできるのに、家ではまだまだ紙パンツが手放せません。

保育者より

もしかするとタイミングが合わなかったのかもしれませんね。“イヤイヤ期”でもあるので無理強いは禁物です。❶「起床時」「食事の前後」「出掛ける前」など、生活の区切りのときに必ずトイレに誘うようにしたり、Fちゃんの好きな電車を置いておき、トイレに行く楽しみをつくってみたりするなど、根気良く試してみてはどうでしょうか。❷成功体験が増えてくると「パンツがぬれて気持ち悪い」と感じるようになり、布パンツで過ごせる日がくると思います。焦らず見守ってあげてくださいね。

（畑山美香子／認定こども園：奈良）

子育てを支え・育ちが伝わる ポイント

（田中三千穂／元・大阪樟蔭女子大学）

❶ 具体例を示して

“イヤイヤ期”の2歳児には、「選択権」を与えながらも、決まった時間にトイレに誘うという根気強さも必要です。

❷ 自己肯定感を育む方法を知らせる

何かに挑戦して成功したりうまくいったりしたとき、その経験は自信へとつながります。「ぼくはできるんだ！」と自分を信じる気持ちが強くなり、自己肯定感がぐんぐん上がっていくということを知らせています。

発育・発達の視点から　専門性が光る！

行きつ戻りつしながら自分の世界を広げる経験を大切に

（寺見陽子／神戸松蔭女子学院大学）

　興味はあるのにいやがったり、できるのに状況が異なるとできなかったりと、家庭での姿と園での姿に違いが見られます。でも、気が向けばきちんとするし、興味をもって遊ぶこともできます。その違いは何でしょう。恐らく、その場に居合わせる人やモノとの関係性となじみ具合です。その程度によって、できたりできなかったり、しようとしたりしなかったりします。そうした行きつ戻りつを繰り返しながら、次第に自分なりのやり方を身につけ、生活の仕方や遊びの内容が変化していきます。また、そうして自分の世界を広げていきます。

キーワード　パンツ　トイレトレーニング　言葉

健康・発達

排泄

自らトイレに行くようになりました

保護者より

Y児：2歳8か月

　園から帰ってから、「おむつはかない」と言い、寝るまでパンツで過ごしました。「Yくんお兄ちゃんだね」と褒めると、「うんしょう」(うん　そうだよ)と誇らしげに言っています。パンツをはくことがうれしくて、トイレにも進んで行ってくれます。

保育者より

❶お昼寝時はおむつに替えていますが、ぬれることはほとんどないので、そろそろパンツで寝ることを試してみましょうか。

　「うん　しょう」Yくんの言葉に大人は顔がほころんでしまいますね。❷この年齢期にしか聞けないかわいい言葉…！　書き留めておいて、何度も読み返したくなります。

(上村敬子／歌敷山保育園：兵庫)

子育てを支え・育ちが伝わる ポイント

（田中三千穂／元・大阪樟蔭女子大学）

1 自立をサポートする姿勢が感じられるように

子どもの自尊心を傷つけないように排泄の自立のサポートをしていこうとする姿勢が感じられます。

2 専門的な視点をもって

この年齢期は、「さ行」など、発音しにくい音がありますが、次第に改善していくことを踏まえた上で“かわいい”と記入しています。

発音・発達の視点から

専門性が光る！

自立＝自分の内部と外部を切り離すこと

（寺見陽子／神戸松蔭女子学院大学）

自分からトイレに行くようになったY児。パンツをはくことがうれしくて自分から進んで行くというように、自分の思い（内面）の世界が生まれています。トイレの自立は、子どもの心理面と関係しています。象徴的な言い方になりますが、自分の内部にため込むことと外部に放出するという、自分の内部の世界と外部の世界に区切りを付け、関連付けることを意味しています。自分の内面と外の世界が生まれるということです。

この時期は自我が芽生える時期ですが、自我が芽生えるとは、自分の内部の世界が生まれるということで、それは、日常生活の行動体験と関連しています。

キーワード 夜更かし 昼寝

健康・発達
睡眠

夜、寝る時間が遅いです

保護者より

K児：2歳8か月

夜なかなか眠れず、10時を過ぎてから寝ることが多いです。朝はいつも通り6時半ぐらいに起こすので、日中眠たくなって機嫌を悪くしていないかなど心配です。

早く眠れるように、昼寝の時間を短くしていただけないでしょうか。

保育者より

❶日中は大好きな水遊びなどで機嫌良く遊んでいますよ。最近は暑さや水遊びなどで活動量も増えて疲れやすいのか、午睡の時間は、Kちゃんは寝付きも良くぐっすり眠っています。12時15〜30分頃から眠り始めるので、2時間ぐらいを目安に起こすようにしていますが、❷夜早く眠りにつけるように、Kちゃんの様子を見ながら少し早めに起こすようにしてみますね。

また、ご家庭の様子をお知らせください。

（山ノ井景子／認定こども園松蔭おかもと保育園：兵庫）

子育てを支え・育ちが伝わる ポイント

(田中三千穂／元・大阪樟蔭女子大学)

❶ 園での様子が目に浮かぶように書く

K児の日中の生き生きとした様子を記入しています。

❷ 園と家庭で連携ができるように

就寝時刻が遅いことが日中の睡眠リズムに影響しているのかもしれません。活動量が増えて疲れが出やすいので、園と家庭で連絡を取り合い、十分な睡眠時間を取りたいものです。

発育・発達の視点から
専門性が光る！

園と家庭の生活の連続性で睡眠を見直す

(寺見陽子／神戸松蔭女子学院大学)

夜なかなか眠れなくても、午睡をしっかりしていて、一日に必要な睡眠の一定量が確保できていれば心配いりません。生活リズムという観点から、園生活と家庭生活の連続性で睡眠を見直すと良いでしょう。特に2歳頃のこの時期は、歩く・走る・跳ぶなどの運動能力の発達が著しく、運動量も増し、周囲との関係の中で自己主張をして…と、心身ともに緊張と興奮を強いられる状況が多くなります。その緊張と興奮を夜まで持ち越してしまうのかもしれません。我を張りつつも、周囲との関係の中で子どもが「どのように自分なりの生活をしているか」という視点で見守ることが大切です。

キーワード　イヤイヤ期　グズグズ

健康・発達

発達

イヤイヤ期で機嫌が悪いです

保護者より

O児：3歳4か月

　朝、私がすごく怒ったからか、お迎えに行ったときも機嫌が悪かったです。園ではどうでしたか？　この時期は“イヤイヤ期”と分かっていますが、自転車に乗るのも「イヤ！」で、帰ってからもずっとグズグズ言っていました。でも「テレビをみる！」と言うのでつけると、アニメを見つけ、うれしそうに見始めました。それまでのイヤイヤがうそのように、機嫌良く見ていました。

保育者より

❶おうちで、そんなことがあったのですね。園でもちょっとしたことをきっかけに「イヤ！」を連発していたので、何かあったのかなぁと思っていました。 でも、「いやだったね」と気持ちを受け止めたり、気分を変えられるように園内を散歩したりすると機嫌が直り、いつものOくんでした。降園時は、お母さんの顔を見て、朝のことを思い出して照れてたのかな？ ❷“イヤイヤ期”真っ盛りのOくんですが、少しずつ、自分で気持ちを切り替えられるようになってきましたね。

（氏原雅子／認定こども園：大阪）

子育てを支え・育ちが伝わる ポイント

(田中三千穂/元・大阪樟蔭女子大学)

❶ 共育てするツールとして役立つように

家庭であったことを知らせてくれると、園での対応のヒントになります。一日24時間の保育といいますが、そのことの大切さを知らせようとしています。

❷ 子どもの成長している姿を知らせる

0児の不機嫌の要因は、保護者も薄々分かっているようですが、理屈通りにいかないのが育児です。「少しずつ…」と0児の成長を知らせて気持ちを受け止めることの大切さを知らせようとしています。

発育・発達の視点から

専門性が光る!

気持ちの切り替え方を知る経験の積み重ね

(寺見陽子/神戸松蔭女子学院大学)

2歳から3歳にかけて、自我が芽生え始めますが、まだその内面ができていないために、時にお兄ちゃんになり、時に聞き分けがないといった具合に、気分が両極に振られます。周りから見ると、自己中心的でわがままに映ります。でも、それは自分の中核を形成する上で、とても大切な経験になります。0児も両極に振られながらも、安定的な状態でいられる経験を積み重ね、気持ちの切り替え方を知ることが課題です。行って帰ってくる遊び、始まりと終わりを繰り返す遊び(出し入れする、積み重ねて崩す　など)、繰り返しのある絵本の読み聞かせなども、切り替えを体感的に学ぶ機会になります。生活や遊びの中で気持ちの切り替えを知る経験を積み重ねられるようにしたいですね。

利き手

健康・発達

発達

右利きにしたいです

保護者より

M児：2歳5か月

家で物をつかんだり、ブロックを組み立てたりするとき、左手を使おうとしています。右利きにしたいので、何回も言っているのですが…。スプーンやフォークなど食事のときもうまく使えないときは、手づかみも左手です。手づかみもやめさせたいので、園でも左手を使っていましたら、右手を使うように教えてくださったら助かります。よろしくお願いします。

保育者より

園でも食事のときに、右手でスプーンを持ち、左手で手づかみで食べているときがあります。「スプーンで食べようね」と知らせると「あっ」という表情でスプーンを使っています。❶医師の見解によると、はっきり利き手が決まるまで、成長、発達に伴って何回も利き手の交代が起こるそうです。2歳頃は、両手を繰り返し使っていく中で、どちらが使いやすいかを自分で納得し、成長していく時期とのことです。利き手を断定するのはまだ早いのかもしれませんね。❷焦らずゆっくり見守っていきましょう。これからも注意して見ておきますね。

（河下眞貴子／奈良）

子育てを支え・育ちが伝わる ポイント

(田中三千穂／元・大阪樟蔭女子大学)

❶ 専門的な見解で不安を軽減させる

今は左利き用のはさみや道具も多く、昔ほど不便ではなくなりました。すぐに矯正したいと考える保護者の気持ちを受け止めつつ、違う角度からの考え方も示して不安を軽減させようとしています。

❷ 保護者のストレスにならないように

矯正をすることで、子どもにはもちろん、保護者にとってもストレスにつながらないよう配慮している書き方です。

専門性が光る！

発育・発達の視点から

体を自分の思いで自由に動かす有能感を育てる

(寺見陽子／神戸松蔭女子学院大学)

この時期、全身運動と手先の運動が急速に発達してきます。それは脳の発達と関連しています。食事や排泄、着脱などの生活行動を自分なりのやり方で関わっていこうとするようになります。遊びでも、左右のバランスをとりながら全身を動かしたり、なぐり描きをしたり、スコップなどの遊具を用いて砂遊びを楽しんだりするようになります。この時期に大切なことは、自分の体のバランス感覚と、自分の思いで体を自由に動かせるという有能感をもつことです。利き手の問題も、あまりこだわらないで両手を使って体のバランスをとって動かす経験を大切にしたいですね。

キーワード **試行錯誤**

健康・発達
発達

いろいろと考えて試すようになっています

保護者より

R児：3歳6か月

いつの間にか身長も伸びて、前までは抱っこしないと届かなかったのに、自分で冷蔵庫の上のドアを開けられるようになりました。でもまだ、中の物は取り出せない…。安心していたら、踏み台を持って来てヨーグルトを取り出していました。できないときは何とかしてみようと考えて、いろいろ試しているので感心してしまいました。

保育者より

いろいろ考えて試して大好きなヨーグルトが取れて、Rくんも満足だったでしょうね。

今日も玩具の線路の上に積み木でトンネルを作ろうとしたり、友達の線路とつなげようとしたりと、いろいろなことに挑戦していました。❶うまくいかなかったときも決して諦めずに何回も試しているRくんの姿を見ていると、「失敗は成功のもと」という言葉を思い出します。身体面の成長もそうですが、試行錯誤しながら意欲的に遊ぶRくんの姿に大きな成長を感じて、私たちもうれしいです。

(三好美佐子／オリンピア都こども園：兵庫)

子育てを支え・育ちが伝わる ポイント

(田中三千穂／元・大阪樟蔭女子大学)

① 同じ視線で成長を見守っていることを伝えて

冷蔵庫の前でいろいろと試す子どもの様子を見守る保護者…。このような視線の中で自己肯定感は育っていくと思います。園でも、保護者と同じ視線で、自分のやりたいことを試行錯誤しながら達成する子どもの姿を記しています。

発育・発達の視点から　専門性が光る！

目標と手段と結果が結び付く経験

(寺見陽子／神戸松蔭女子学院大学)

R児は自分のしたいことをしようと手段を講じ、やり遂げるという、目標と手段と結果を生み出す経験をしています。これは「思考」の原型となるものです。まだ実際にモノを扱うという現実がないとできないので、本来の「思考」とはいえませんが、周りと関わることを通して行為の意味を知っていきます。この時期に大切なことは、「したい」「しよう」「やってみた」「やったあ」という、「心情・意欲・態度」を身につけることです。してはいけないことはきちんと伝え、工夫したことを認めていく関わりが大切です。

キーワード　進級　甘え

生活・遊び
生活

抱っこを求めるようになっています

保護者より

Ｙ児：2歳4か月

　4月になって、家にいる間、ずっと「だっこしてよー」と言ってきます。「できないよ」と言うと「ぽんぽんいたいの」と言います。そう言うと抱っこしてもらえると思っているみたいです。今までそんなことがなかったので、新しいクラスにまだ慣れてないのかなと思って、抱っこしてあげています。

保育者より

　新しい環境の中で、新入園児が泣いている様子を見て、少し不安な気持ちになったのかもしれませんね。❶大好きなお母さんに抱きしめてもらいたい気持ち、よく分かります。 今は「いいよ」って“ギュッ”と抱っこしてあげてください。園では、少しの間、抱っこするだけで❷すぐに玩具の方に行って遊んでいます。

　私たちもＹくんが園で楽しく過ごせるよう、見守っていきますね。

（上村敬子／歌敷山保育園：兵庫）

子育てを支え・育ちが伝わる ポイント

（田中三千穂／元・大阪樟蔭女子大学）

❶ 子どもの姿を認める文章を

環境の変化に戸惑い抱っこをせがむ姿は、ごくしぜんな姿だということを知らせています。

❷ 保護者の不安を減らせるように

園での姿を知らせて、保護者の心配を軽減させて安心できるよう配慮しています。

発育・発達の視点から 専門性が光る！

親しい大人を安全基地にして安心感をつくる

（寺見陽子／神戸松蔭女子学院大学）

Y児の抱っこアピールは、いうまでもなく新しい環境に慣れるための手段です。園では、すぐに保育者から離れて玩具に向かっています。どちらの姿も親しい大人と安定した愛着が形成されている証です。愛着が形成されると、愛着を寄せた人を安全基地にして周りの環境に向かう力が生まれます。また、愛着は人だけでなく、周りの環境にも生まれます。心地の良い感触のモノ、お気に入りの玩具、落ち着く場所、そして大好きな友達など、Y児にとってそうした環境ができると、不安定さは減少します。このように、環境にもY児の「お気に入り」ができると、自分から遊びを楽しむようになるでしょう。

キーワード　進級　着脱

生活・遊び
生活

体操服を着て大はしゃぎでした

保護者より

J児：3歳9か月

昨日は家に帰り、服を脱ぎだしたかと思うと、届いたばかりの新しい体操服に着替え始めました。少し大きめのサイズを購入したので、まだまだ体操服に着せられているような感じでしたが、なんだかとてもりりしく見えました。Jは「あしたからきていくー！」と大はしゃぎしていました。「これはわかばさん（3歳児クラス）になってからだよ。あと少し待っててね」と納得させるのにひと苦労でした。

保育者より

体操服の採寸のときからワクワクしている様子だったJくん。最近は、衣服の脱ぎ着や帰りの準備も進んでできるようになりましたね。進級が近くなり、❶園では少しずつ新しい環境に慣れるように、3歳児の部屋に遊びに行く機会を設けています。

体操服を着て登園する日まであと少し、❷安心して進級できるよう私たちも見守っていきたいと思います。

（米田光子／右京こだま保育園：奈良）

子育てを支え・育ちが伝わる ポイント

（田中三千穂／元・大阪樟蔭女子大学）

❶ 新しい環境への不安を軽減するために

進級後、環境の変化で感じる不安をできるだけ少なくしたいという思いと、園での配慮を伝えています。

❷ 安心して進級できるように

年度末の休みがない園の子どもにとって、進級はかなり突然に感じることでしょう。保育者として、心の底から“安心して進級を”と願う気持ちが伝わってきます。

専門性が光る！

発育・発達の視点から

お気に入りができると新たな興味や行動が生まれる

（寺見陽子／神戸松蔭女子学院大学）

　届いたばかりの新しい体操服に着替え、「あしたからきていくー！」と大はしゃぎするJ児。「お気に入り」ができると、次に向かう行動や気持ちが生まれることが分かります。日常生活の中で、自分の気になるモノに愛着やこだわりをもって繰り返し関わることを通して、新たな興味や行動が芽生えていきます。そうした関わりの繰り返しを通して、自分の存在が自覚的なものになっていきます。園でも服の脱ぎ着や帰りの準備を進んでするようになるなど、自分から行動する姿が生まれています。

キーワード　着脱　自立

生活・遊び　生活

一緒に洗濯物を畳みました

保護者より

U児：3歳1か月

　洗濯物を畳んでいると横に座って、「こう？」「みててー」と言いながら、一緒に衣服を畳もうとします。

　グチャグチャにすることを楽しんでいたUが、いつの間にか“畳む”ことを知ってやってみようとする姿に、驚きとうれしさを感じました。「できた！」と見せるその表情も、とても得意げでした。

保育者より

　お母さんと一緒に洗濯物を畳むことを楽しんだり、❶自分でもできるところを見てもらいたかったりしたのでしょうね。

　園でも着替えた後の衣服を床に広げて、「パッタン！」と言いながら袖や裾を折り、自分で畳もうとしています。時にはうまくいかず「やってー」と持って来ることもありますが、一緒にやったり見守ったりすることも大切にしています。❷甘えたい気持ちと自分でしたい気持ち、両方を受け止めながら、体を守ってくれる衣服を大切にすることも伝えていきたいですね。

（古田麻美／藤保育園ドレミ：大阪）

子育てを支え・育ちが伝わる ポイント

（田中三千穂／元・大阪樟蔭女子大学）

❶ 保護者の気持ちに共感して

“やってみようとする姿”に驚き、うれしくなった保護者の気持ちに寄り添い、共感しようとしています。

❷ 保育者の思いも伝えて

子どもの成長しようとする姿を受け止めながら、次へのステップとして“体を守ってくれる…”を記入し、保育者としての思いを伝えようとしています。

専門性が光る！

発育・発達の視点から

生活や遊びの中での知的な気付き

（寺見陽子／神戸松蔭女子学院大学）

家庭では保護者と一緒に、園では自分で、衣服を床に広げ袖や裾を折って畳むU児。生活や遊びを通して知的な学びをしている様子がうかがえます。衣服を広げて畳む経験は、自分の体を衣服を通して客観的に見る機会になります。それは「なぜ」「どうして」という知的好奇心とともに、目にすることのできない事柄への気付きをもたらします。3歳を過ぎると、こうした知的な気付きを意識したことばがけを大切にしたいものです。

キーワード **生き物**

生活・遊び

生活

ダンゴムシを探して帰ろうとしません

保護者より

L児：2歳3か月

園を出た後、駐車場までの道に置いてある植木鉢を少し動かして、「ダンゴムシ、ダンゴムシ…」と言いながらよくダンゴムシを探しています。「帰ろうよ」と言ってもなかなかその場から動かず困っています。園庭で遊んでいるときもダンゴムシを探していますか？　みんなと一緒にお部屋に入っているのでしょうか？

保育者より

今日も園庭に出ると、❶一目散に走って行って落ち葉をどかし、ダンゴムシ探しをしていました。「ダンゴムシさんとバイバイしようね」と言葉を掛けると、「バイバ～イ」と言ってみんなと一緒に部屋に入っていましたよ。❷降園時には「夕ごはんの時間はダンゴムシさんをそっとしておいてあげようね」と話しておきますね。それにしても…ダンゴムシを見つけたときのあの笑顔！　こちらまで笑顔になります。❸身近なダンゴムシへの興味から、他の小動物や生き物の存在に気付いたり、命の不思議に興味をもったりしてほしいですね。

（河下眞貴子／奈良）

子育てを支え・育ちが伝わる ポイント

(田中三千穂／元・大阪樟蔭女子大学)

① 子どもの姿が伝わる書き方で

生き生きとした子どもの表情が目に浮かびます。

② 具体的なことばがけ例を

アニミズム(擬人化)的思考の2歳児に対することばがけ例を示そうとしています。

③ 保育者の願いを書く

子どもの興味や関心をしっかりと見つめ、「こう育ってほしい」という保育者の願いが込められた書き方です。

発育・発達の視点から 専門性が光る!

何かにとらわれること =イメージの体験を楽しむこと

(寺見陽子／神戸松蔭女子学院大学)

チョコチョコと動き回り、触れると丸まるダンゴムシは子どもたちに大人気。他にも子どもは、水、動物、乗り物など、あるパターンをもち、連続して繰り返し動くものが大好きです。じっと見つめ、触ったり動きをまねたりして、それに一体化するようにくぎ付けになります。芽生え始めたばかりで浮遊する自我に焦点を与え、心に湧き起こるイメージを体験しているのです。自我に核をつくる体験ともいえるでしょう。何かにとらわれてその場を動かないことが、この時期によくあります。付き添う大人は大変ですが、一緒に共感して見守りたいものです。

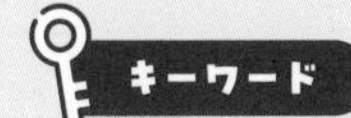

食事 お手伝い 自我

生活・遊び

生活

お手伝いをしてくれます

保護者より

M児：2歳9か月

　最近、私が食事の用意をし始めると、Mも台所にやって来て、「Mちゃんもする」と言ってお皿を運んだり、お茶を入れようとしたりしてくれます。私としては時間が掛かり、注意もしないといけないので逆に大変なのですが、「もう“2さいのおにいちゃん”だからできる！」と張り切っています。頼もしいです。

保育者より

　Mちゃんすごい！　お母さんのお手伝いを自分からしているのですね。❶「お母さんのお手伝いしたの？　“2歳のおにいちゃん”かっこいいね」と声を掛けると、「うん」とうなずき、満足そうな表情でした。❷「やってみたい」というMちゃんの気持ちを尊重し、受け止めているお母さんにも拍手です！

　最近、身の回りのことを自分でしようという姿が見られ、根気強く頑張っています。自分のこともお母さんのお手伝いもできるMちゃん。本当に頼もしいですね。

（畑山美香子／認定こども園：奈良）

子育てを支え・育ちが伝わる ポイント

(田中三千穂/元・大阪樟蔭女子大学)

❶ 保護者からの連絡を意識して

家庭からの連絡を受け、「○○だったの?」と声を掛けることで、本児の自己肯定感を育てていこうとする姿勢がうかがえます。

❷ 保護者を認める文章を

いつも誰かが温かく見守ってくれているという安心感が、子どもの成長の栄養剤となることを知らせようとしています。

発育・発達の視点から

専門性が光る!

自分軸を探す

(寺見陽子/神戸松蔭女子学院大学)

母親が食事の準備をする姿を見て手伝いをしようとし、身の回りのことも自分でしようとするM児。M児には周りとの関係の中で、自らしようとする行動が生まれています。他者と共に生きようとする姿ともいえるでしょう。2歳頃から3歳頃にかけて、自我が芽生える時期ですが、その育ちは、人との関係の中で自分の存在を感じることから始まります。それは、身体的にも細やかな動きができるようになることとも関連しています。手伝いなどは人との関係の中で役に立つ自分の存在を発見する機会であり、自我の育ちの基盤をつくります。

キーワード　きょうだい

生活・遊び
生活

“お姉ちゃん”をしようとしています

保護者より

N児：3歳1か月

　生まれた妹が気になり、寝ているときもどうしても触れたいN。そっとなでたり抱っこしてみたり…とついつい起こしてしまいます。でも、妹が泣くと「ないたよー！」と大騒ぎ。ある程度は分かっているのか、「みるだけ」と言いながら顔をのぞき込んでいます。布団を掛けたり一緒におむつを替えたりと、Nなりに“お姉ちゃん”をしようとしているようです。

保育者より

　Nちゃん、優しいですね。園でも❶自分より年下のお友達に、優しく声を掛けたり手を握ってふれあったりと、“何かしてあげたい”気持ちがとても伝わってきます。

　おうちでも“お姉ちゃん”の役割をしようとしているようですね。❷きっとNちゃんは、ご家族が愛情いっぱいに赤ちゃんに関わっておられる様子を見て、まねようとしているのでしょうね。「優しいね」「ありがとう」と伝えて、ギュッと抱きしめてあげてくださいね。

（廣葉佳子／奈良）

子育てを支え・育ちが伝わる ポイント

(田中三千穂/元・大阪樟蔭女子大学)

❶ 子どもの成長を共に喜ぶ

異年齢児同士のふれあいは、教えられて学ぶものではなく体験で実感するもの。妹が生まれることで、小さい子の世話をしたり教えたりする体験を通し、自信をもつ姿が見られるようになったことを共に喜んでいます。

❷ 保護者の関わりを認めて

保護者自身の行動が、N児は妹と同様に愛されているのだという安心感を育んでいることを伝えようとしています。

発育・発達の視点から

専門性が光る!

周りを意識した自分が生まれる

(寺見陽子/神戸松蔭女子学院大学)

妹にちょっかいをかけるN児。でも、園では、N児は年下の友達には優しく関わっています。状況は異なりますが、人の存在によって自分の動きが左右されて、内と外の顔が生まれています。周りとの関係の中で自分自身の行動が決定され始めています。このように、3歳を過ぎると、次第に他者との関係の中に身を置いて生活できるようになり、人の存在を意識した行動が始まり、社会的行動が芽生えてきます。やがてこれが、約束事や善し悪しの理解につながっていきます。

キーワード 運動会

生活・遊び
生活

家でも運動会の練習をしています

保護者より

Y児：3歳5か月

運動会の練習をしているようですね。家で運動会の話をしていると「Yちゃん、"いち・に、いち・に"ってしながらあるいていくよ」「いちばんにあるくよ」と行進をする姿を見せてくれます。

Yは、先頭で歩くのですか？　みんなの先頭で大丈夫かとドキドキしますが、当日楽しみにしています。

保育者より

❶毎朝、5歳児と一緒に運動会の練習をしています。Yちゃんも5歳児の子どもたちのまねをして「いち・に！　いち・に！」と大きな声を出したり、両手を大きく振ったりして頑張って歩いていますよ。

保育者や5歳児に「上手だね！」と褒められると、ニッコリ笑ってより一層張り切って歩いていました。

❷当日は、5歳児と一緒に先頭で歩いて入場します。楽しみにしていてください。

（山新田敦子／白鳩チルドレンセンター八雲中：大阪）

子育てを支え・育ちが伝わる ポイント

（田中三千穂／元・大阪樟蔭女子大学）

❶ 成長している姿を知らせて

「いち・に！　いち・に！」とリズミカルに言いながら手を振って歩くのは、大人からは一見簡単そうに見えますが、歩いているうちに、手足のどちらかがずれていくことがよくあります。5歳児と一緒にリズムに合わせた動きを経験するなど、生活や行事などを通して身についていくことを知らせています。

❷ 保護者の気持ちに返事を

当日の姿を楽しみに待つ保護者の気持ちを受け止めて記入しています。

発育・発達の視点から　専門性が光る！

自分を言葉で表現する

（寺見陽子／神戸松蔭女子学院大学）

3歳を過ぎると運動機能が充実してきます。運動会に限らず、行事は身体を使って「できる自分」を感じ、自分の存在に自信をもつ絶好の機会です。時に子どもにとって負担に感じられる場合もありますが、そうしたことも含めて大きく成長する機会になります。保護者も保育者も行事がそうした経験の場であることを意識して、過剰な期待や課題を求めないようにしたいものです。精神的にも、自分が経験したことを様々な方法で表現したり、言葉で伝えたりするイメージ力が育ってきます。特に言葉による自己表現が本格化してくるので、園でも家庭でも自分がしたことや感じたことを言葉で表現する機会を大切にして、じっくりと聞くようにしたいですね。

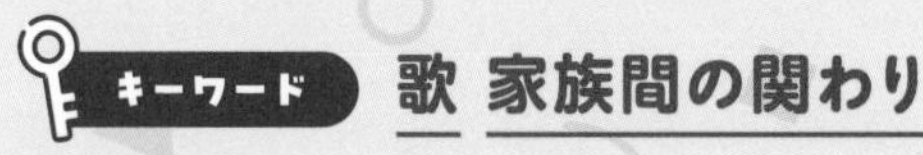

歌 家族間の関わり

生活・遊び
生活

お気に入りの曲です

保護者より

O児：2歳8か月

お父さんとお兄ちゃんと一緒にお風呂に入っているときに大きな声で『どんぐりころころ』を歌っているのが聞こえてきました。本人はご機嫌で何度も歌っていました。途中お兄ちゃんに「うるさい！」と言われていたみたいですが、「いいの！」と言ってずっと歌っていたようです。園でたくさん歌を教えてもらっているのですね。私まで楽しい気持ちになりました。

保育者より

歌詞もリズムもしっかりと覚えているんですね。

❶『どんぐりころころ』は歌詞にストーリー性があり、子どもたちのお気に入りの曲です。今日も、おもちゃのマイクを持って、友達と一緒に楽しそうに歌っていました。

❷今までみんなで歌ってきた季節の童謡やわらべうたを、来月の「にこにこ発表会」で聴いていただく予定です。楽しみにしておいてくださいね。

（薮口実香／大冠保育園：大阪）

子育てを支え・育ちが伝わる ポイント

（田中三千穂／元・大阪樟蔭女子大学）

❶ 保育者の姿勢が分かる一文を

主役はあくまでも子どもたち。子どもたちの反応を見ながら選曲していることが分かる文章です。

❷ 保育の意図が伝わるように

発表会は当日だけのものではなく、これまで子どもたちが園生活を過ごす中で遊んだ（＝学んだ）ことを発表する場であるということを伝えようとしています。

発育・発達の視点から　専門性が光る！

友達と同じことをして経験が広がる

（寺見陽子／神戸松蔭女子学院大学）

園生活では、友達と一緒に季節の歌をうたったり手遊びをしたりして楽しんでいます。〇児の姿は、そうした園での活動の楽しさを反映したものであり、楽しさを共有することを学んでいる姿といえるでしょう。3歳前後になると、友達のしていることに興味をもち、「一緒」に「同じこと」をして「つながる」ことが楽しくなります。こうして、嫌だったことができるようになったり一緒にしたことが好きになったりと、経験に広がりが生まれます。友達と自分の違いに気付く機会にもなります。

キーワード　遠足　ドングリ集め

生活・遊び
生活

感じたことを話してくれるようになりました

保護者より

S児：2歳9か月

　昨日の遠足では、「ドングリのあめがふってきたよ」とSが感じたことをうれしそうに話してくれました。そんな大事に持ち帰ったどんぐりですが、残念ながらその中から虫が出てきたので、そっと外に置いておきました。Sには内緒ですが…(笑)。

保育者より

❶「ドングリのあめ」と表現するSくん、感性の豊かさを感じさせられます。 きっと、ドングリが木から落ちてくる様子が印象的だったのでしょうね。「おかあさんにおみやげ！」と大事そうに持って帰っていましたよ。虫が出てきたのは、ちょっぴり残念ですね。❷ちなみに、ドングリをビニール袋に入れて冷凍すると虫が出てきません（心の優しいSくんには内緒でこっそり教えますね）。

（廣葉佳子／奈良）

子育てを支え・育ちが伝わる ポイント

（田中三千穂／元・大阪樟蔭女子大学）

1 子どもの姿を共に喜び合えるように

遠足の様子をお母さんにうれしそうに話しているSくん、しぜんと口をついて出た“ドングリのあめ”という言葉。きっと保護者も保育者と同様のことを感じて記入したことでしょう。

2 対応策を伝えて

“虫のいるドングリを冷凍する”ことの意味を、子どもにはうまく伝えにくいものです。それを柔らかい表現で記入しています。

専門性が光る！
発育・発達の視点から

自我の芽生えと機能の育ち

（寺見陽子／神戸松蔭女子学院大学）

S児は、「ドングリのあめ」「おかあさんにおみやげ」と、自分の感動を象徴的かつ相手を想定した言葉で表現しています。自分のイメージを言葉で表現するようになってきています。このような経験から、やがて他者を意識して動く自分が、自分を統制するもう一人の自分として機能するようになります。自分を統制する自我の機能は、本格的には4歳を超えた頃から発達してきますが、徐々に人とのやり取りを通して「する自分」と「される自分」という二つの自分が意識されるようになり、「される自分」がもう一人の自分として、「する自分」を統制する機能を果すようになります。

クリスマス

生活・遊び

生活

クリスマス会がとっても楽しかったようです

保護者より

M児：3歳6か月

クリスマス会でかぶったトナカイの帽子が気に入ったようで、お風呂に入るときに一度脱いだのですが、お風呂を出ると服を着るより先に帽子をかぶる姿には笑ってしまいました。トナカイ帽子の手形でできたツノ、親子で良い思い出になります。Mが「あわてんぼうのサンタさんきた」と言っていたのですが、歌をうたったのでしょうか？

保育者より

クリスマス会のサンタさんへ質問するコーナーで、❶5歳児が「クリスマスは25にちだよ。はやくきたのはどうして？」と真剣な表情で質問し、サンタさんが困った表情で「あわてんぼうだからだよ」と答えたのがおもしろく、みんなで大笑いしたのが印象に残ったようですね。保育室に戻ってからも「サンタさん、あわてんぼうだって」と笑顔で友達と話していました。手形は、ちょうど子どもたちの手の大きさがツノにぴったり！❷子どもたちの“今”がクリスマスの思い出になるといいなと思います。今朝もトナカイの帽子をかぶり、Mくんの笑顔が見られてうれしいです。

（西岡理恵／認定こども園：奈良）

子育てを支え・育ちが伝わる ポイント

(田中三千穂／元・大阪樟蔭女子大学)

1 楽しい保育のひとコマを伝えて

5歳児の鋭い質問に、サンタさんが困って歌の歌詞を思い出して答える様子…。いろいろな出し物で盛り上げるクリスマス会も多く見られますが、こういった子どもとサンタさんのやり取りからも、ほほえましく温かい雰囲気のクリスマス会の様子が目に浮かんできます。

2 保育者の気持ちを知らせる

子どもたちの“今”を、保護者と共に「良い思い出に」と考える保育者…、温かい気持ちが伝わる記述です。

発育・発達の視点から　専門性が光る！

現実と空想の曖昧な中で

(寺見陽子／神戸松蔭女子学院大学)

「クリスマスは25にちなのにはやくきたのはなぜ？」と真剣な表情で聞く5歳児。サンタさんの「あわてんぼうだから」という回答に納得する2歳児。5歳児も2歳児もサンタクロースの存在を現実のものとして捉えています。これは、未分化なために、現実と空想の区別ができないためです。5歳児はなぜ来たのかと現実を因果関係で捉えようとしているのに対し、2歳児はサンタが言った言葉をそのまま現実として捉えています。5歳児には筋道で捉えようとする芽が生まれています。2歳児はまだ、お話(歌)の世界の中で生きています。成長するにしたがって、現実と空想が区別できるようになり、現実的な理解へと移行していきます。

キーワード 入園 砂場遊び

生活・遊び

遊び

楽しそうに遊んでいて安心しました

保護者より

J児：2歳6か月

昨日お迎えに行ったときに、Jが砂場で遊んでいたのでびっくりしました。入園前は公園でも手や服が少しでも汚れるといやがって全然遊ばなかったのに…。しばらく声を掛けずにそっと見ていたのですが、上手に山を作ったり、ごはんを作って先生に「どうぞ」と渡していたり…。とても楽しそうで安心しました。

保育者より

初めての園生活。入園当初は友達の遊ぶ様子を傍観していることが多かったJちゃんですが、❶砂場遊びで保育者が山を作って「手伝ってくれる？」と声を掛けると、「おやま！」と言ってシャベルを持って来て一緒に作ってくれました。「ひんやりしてるね」「サラサラしてる」と話をしながら、砂の感触を楽しみました。小さな手で大きな山を作ることが楽しかったみたいです。最近では"ごはん"を作るのが楽しいようで、毎日「せんせい、どうぞ」と持って来てくれます。❷公園へ行かれたときにはぜひおいしい"ごはん"を作ってもらってくださいね。

（薮口実香／大冠保育園：大阪）

子育てを支え・育ちが伝わる ポイント

（田中三千穂／元・大阪樟蔭女子大学）

❶ 園での子どもの姿を知らせて

新入園児が砂場遊びをきっかけにして遊び始める例は多く見られます。保育者が意図的に砂場遊びに誘い、笑顔が見られるようになったＪ児。保育者の専門性が感じられます。

❷ 遊びのヒケツを教える

子どもが砂遊びをするときは、大人自身も童心に返って一緒に楽しむことでイメージ遊びが広がる、ということを知らせています。

発育・発達の視点から　専門性が光る！

イメージの芽生え

（寺見陽子／神戸松蔭女子学院大学）

2歳頃からイメージが発達してきます。人やモノにイメージが付与され、やり取りや見立て、振りが具体的になり、ごっこ遊びらしきものが始まります。でも、まだイメージを自分でつなぐことができないので、遊び続けるには大人の手助けが必要です。事例のように人に補完されて楽しむ経験を通して、相手をイメージして自分の中に取り込み、その相手と独り言を言いながらひとりで遊び、やがてそのイメージの相手を現実の友達に置き換えて本当に友達と一緒に遊ぶようになるのです。この時期、大人に手助けしてもらいながらそれをモデルにして関わる経験が大切です。

キーワード 生き物 友達との関わり

生活・遊び
遊び

ダンゴムシに夢中です

保護者より

Y児：2歳10か月

昨日の夜から、「あしたはNちゃんとダンゴムシみつける！」と言い、朝も「ダンゴムシはしたにいる。つちのところかくさのした」「みつかるかなぁ」と探す場所の話をしてくれました。ダンゴムシがどこにいるのか知っていて、自分で見つけられることに驚きました。今日もいっぱい見つかると良いね。

保育者より

ダンゴムシ探しは大ブームです。❶雨上りには、園庭の花壇の近くで葉をめくったり、土を掘ったりして虫探し。いないときは「あれ〜？」と不思議そうに場所を変えて探し、見つけると大喜び！ 砂場のバケツにダンゴムシと葉を入れて、友達に「ほら、ダンゴムシがまるくなっているよ」「はっぱをたべるから、はっぱはごはん」と言って、ダンゴムシの形や好きな物を教えています。

❷友達と一緒に虫探しをする中で、Yちゃんの「なぜ？どうして？」がどんどん広がっているようですね。

（三好美佐子／オリンピア都こども園：兵庫）

子育てを支え・育ちが伝わる ポイント

（田中三千穂／元・大阪樟蔭女子大学）

1 保育者の姿勢が伝わるように

草花や虫などの生き物を通して、より活発になる探索活動…。未知の物事を理解（学習）したいという、子どもの前向きな様子を見守っている保育者の姿勢が感じられます。

2 専門的な視点で子どもの姿を伝える

子どもの興味や関心は、本やテレビなどで見聞きした情報からだけではなく、実体験を通して深めているのだということを知らせようとしています。

発育・発達の視点から

専門性が光る！

経験を今につなげ、流れをつくる

（寺見陽子／神戸松蔭女子学院大学）

　ダンゴムシのいそうな所を探し、見つからないと「あれ？」と言いながら探し回るY児。Y児はダンゴムシの形や好きな物を友達に教えています。Y児は、今まさに直面している出来事の中に、過去に経験したこと（ダンゴムシ）と、これから経験することへの予測（ダンゴムシを見つける）を埋め込み、後でそのことを話しています。自分の経験したことを今につなげ、時系列的な流れが見られます。

　このように、過去に経験したことを引き出して今につなげ、流れをつくって話す経験は考える力を育てます。また、自分と異なった生態をもつ虫は、自分とは異なるものの存在への気付きを与えます。

キーワード　ままごと　父親

生活・遊び

遊び

ままごと遊びが日課です

保護者より

M児：3歳4か月

最近、パパを相手にままごと遊びをすることが日課です。「おかいものにいってくるからね」「きょうのごはんはカレーですよ」などと言い、エプロンをしてお料理を作っています。Mが話す言葉を聞いていると、私の口調や言うことと似ていることにハッとさせられるときがあります。気を付けなきゃいけないですね。

保育者より

子どもたちは、大人の言動をよく見ていますね。ごっこ遊びは、言葉を覚え、想像力が発達し始める2～3歳頃に多く見られます。❶大人のすることをまねて遊びに取り入れることで、様々なことを学んでいるのですね。

園でもMちゃんや数人の女の子を中心にままごと遊びが盛んで、保育者が言葉をつながなくてもごっこ遊びが成り立つようになってきました。会話も様になり、聞いているとついつい笑ってしまいます。

❷お父さんとのままごと遊び、ほほえましい光景ですね。Mちゃんとの大切な時間になると思います。

（岡本由美／奈良）

子育てを支え・育ちが伝わる ポイント

（田中三千穂／元・大阪樟蔭女子大学）

❶ 専門的な視点で発達を知らせて

子どもは、ごっこ遊びを通して想像力を膨らませ、ユニークな設定を盛り込んで楽しい世界を構築していきます。ただ大人の言動を模倣し再現するだけでなく“学び”があることを知らせようとしています。

❷ 家での姿を認め共に喜べるように

お父さんが“ままごと遊び”を一緒にし、親子でイメージを共有している様子は、何事にも代えられない貴重な時間だという思いがにじみ出た文章です。

発育・発達の視点から　専門性が光る！

他者と異なる自己存在への気付き

（寺見陽子／神戸松蔭女子学院大学）

お父さんを相手にお母さん役になって遊びを楽しむM児。身近なことや人をモデルに、まねをして行動しようとしています。子どもはまねることを通して、新たな行動を身につけ、そこに含まれている意味を学びます。また、他者には自分とは異なる視点があることにも気付き始めます。そうしたことは、自分が他者とは異なる独自の存在であることへの気付きも促します。ごっこ遊びを通していろいろな役割を経験することは、芽生えた自我に新たな側面を与え、自己の形成に寄与します。

キーワード　運動遊び　友達との関わり

生活・遊び

遊び

しっぽ取りが楽しかったようです

保護者より

K児：3歳5か月

　しっぽ取りの遊びがかなり楽しかったようで、「Mせんせいと Oちゃんのしっぽをとったんだよ！！　せんせい、えーんってないてた」と話していました。走ることが大好きで、歩けなかった頃を思うと本当にうれしく、良かったなと思います。

　お友達の名前もたくさん出てきて、楽しく遊んでいるようで安心しました。

保育者より

　最近はクラスで「しっぽ取り」がブームになっています。Kちゃんは、初めはしっぽを取られることがいやで参加しなかったのですが、今では、❶追い掛けたり逃げたりする楽しさが分かってきたようで、お友達を誘って進んで参加しています。

　たくさん走ると体も温まり、体力もついていきます。❷2歳児にとって「走る」という全身運動はとても大切ですので、これからもたくさん体を動かして遊びたいと思っています。

（大谷たえ子／阿武山たつの子認定こども園：大阪）

子育てを支え・育ちが伝わる ポイント

（田中三千穂／元・大阪樟蔭女子大学）

❶ 成長した姿を知らせて

簡単なルールを守ったり、場面によっては自分の欲求を我慢して相手に譲ったりするなど、コミュニケーションを取り合えるようになってきたことを伝えています。

❷ 専門的な視点で伝える

思い切り走ったり体を動かして遊んだりすることは、健やかな心身の成長を促します。単純なようで、とても大切なことを知らせています。

発育・発達の視点から　専門性が光る！

ルールに自分を沿わせること＝気持ちの揺らぎを調整すること

（寺見陽子／神戸松蔭女子学院大学）

K児はルールに沿って遊ぶ楽しさが理解できるようになり、自分の感情の揺らぎを自分なりに調整しているのが分かります。遊びには、他者と共有した約束や定型ルールがありますが、他者との関係は状況による非定型ルールで、それに自分を沿わせる必要があります。遊びのルールに沿うことはできても、生活の中で自分の気持ちを調整することは難しいものです。いずれも人間関係の学びの始まりとみることができます。生活や遊びの中で多様な感情の揺らぎを引き戻す経験が、周りの状況に応じる自分づくりに必要です。

キーワード　絵本　家族間の関わり

生活・遊び
遊び

絵本が大好きです

保護者より

J児：2歳9か月

　最近はJが家族を相手に絵本の読み聞かせをしてくれます。お気に入りは『くまくん』です。
　園でも読んでもらっているからか、内容も覚えています。言葉がはっきりしなかったり、内容が飛んでしまったりすることもありますが、それがまたかわいらしく感じ、私たちも付き合ってしまいます。読み終えたJは大満足でうれしそうです。

保育者より

　大満足なJちゃんの顔が目に浮かびます。
　園でもお友達相手に同じような姿が見られます。❶お気に入りの『くまくん』の他にも、『おいもをどうぞ』や『ごめんやさい』も保育者のまねをして友達に読んであげています。❷保育者と目が合うと照れくさいのかやめてしまうので、こっそりと見ていると、いつの間にかみんなで歌い出して体を揺らして大合唱！　とってもほほえましいです。絵本大好きなJちゃんにとって、❸お母さんたちが笑顔で見守ってくれていることが、とてもうれしい時間になっているのでしょうね。

（岡本由美／奈良）

子育てを支え・育ちが伝わる ポイント

（田中三千穂／元・大阪樟蔭女子大学）

❶ 子どもの姿を共有して

『くまくん』以外のJ児のお気に入りの絵本（2歳児向きの本）をさりげなく紹介しています。

❷ 保育者の姿勢を伝える

子どもたちが主体的に遊びを楽しんでいる姿を、笑顔で見守っている保育者の姿が描かれています。

❸ 保護者を認めて

保護者にとって、子どもへの接し方を肯定されることは、何よりも励みになりますね。

専門性が光る！

発育・発達の視点から

「してもらった」経験が「する」行為を生む

（寺見陽子／神戸松蔭女子学院大学）

J児は、自立の節目を迎えています。2歳頃から、身の回りのことを「じぶんでする！」と言っては何でも我を張ることが多くなりますが、3歳近くなると、少しずつ周りが見え始め、「してもらったこと」が「自分でする」ことに結び付けられていきます。がむしゃらに手当たり次第するという感じから、周りの反応を見てするというように変化していきます。

読み聞かせてもらったことをまねて人に読み聞かせる、というように、自分と周りのつながりを意識し始め、できた自分に満足を感じるとともに、褒めて認めてもらうことで自信をつけていきます。こうした積み重ねが自立を促します。

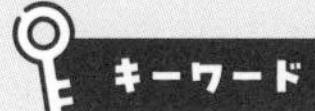

公園 家族間の関わり

生活・遊び

遊び

たこ揚げを楽しみました

保護者より

N児：2歳10か月

昨日、お父さんと一緒に公園へたこ揚げをしに行きました。お父さんが作ってくれた手作りの“ビニール袋だこ”のひもを持ちながらうれしそうに揚げ、「とんだ、とんだ」と喜んでいました(実は、あまり揚がっていなかったのですが…(笑))。お父さんが市販のたこを揚げているのを見て「すごい！」と大喜びしていました。

保育者より

昨日は、風も吹いていたので“たこ揚げ日和”だったでしょうね。「おとうさんとたこをあげたよ」「ピュ〜ッとかぜさんがつよくふいたからたこがとんだよ」と❶目を丸くして教えてくれました。❷風の強さでたこが揚がったということも気付いているので驚きました。冬はどうしても家の中に籠もりがちですが、❸家族で手作りたこを持って公園まで揚げに行かれた姿を想像してほほえましく感じました。今日は、園でもたこ揚げを楽しみました。

(廣葉佳子／奈良)

子育てを支え・育ちが伝わる ポイント

(田中三千穂／元・大阪樟蔭女子大学)

❶ 生き生きとした言葉で

子どもの表情を具体的に記すことで、より生き生きとした言葉になって伝わります。

❷ 学び成長したことを伝える

幼いながらも“経験の中で学んでいる”ことを伝えています。

❸ 家庭での過ごし方を認めて

家族でのたこ揚げは、幼いときの掛け替えのない“お正月”の思い出になることでしょう。大切にしてほしい時間ですね。

発育・発達の視点から 専門性が光る！

見えないけれども「ある」ことを知る＝心の芽生え

(寺見陽子／神戸松蔭女子学院大学)

たこ揚げは、子どもにとっては「見えないものを見る経験」です。つまり風は見えないけれども「ある」ということを知る経験です。たこが揚がるのは現実の物理現象ですが、たとえば節分に登場する鬼は架空の世界の存在です。これらは、見えない世界があることに気付く機会になります。気付けるということは、心の世界が芽生え始めていると見ることができるでしょう。ただ、風は、たこを通して見るという実体験ですが、鬼は、本当はいないけれど“いる”と考える誤信です。物理的なものも生きていると感じる“アニミズム”も同様に、認知の未分化性を示すものです。こうした特性を理解した上で適切に関わりたいものです。

監修・編著者

古橋紗人子
0歳児（P.28-P.75）監修及び「子育てを支え・育ちが伝わるポイント」執筆

元・滋賀短期大学 教授
保育とカリキュラム編集委員0歳児研究グループチーフ

藤本員子
1歳児（P.78-P.125）監修及び「子育てを支え・育ちが伝わるポイント」執筆

寺池台保育園（大阪） 園長
元・大阪樟蔭女子大学 講師
保育とカリキュラム編集委員1歳児研究グループチーフ

田中三千穂
連絡帳の考え方・書き方の基本（P.13-P.24）執筆、
2歳児（P.128-P.175）監修及び「子育てを支え・育ちが伝わるポイント」執筆

元・大阪樟蔭女子大学
保育とカリキュラム編集委員2歳児研究グループチーフ

寺見陽子
「保護者と共有したい　0･1･2歳児の発育・発達のポイント」
（P.27、P.77、P.127）、
各年齢「専門性が光る！　発育・発達の視点から」執筆

神戸松蔭女子学院大学・大学院 教育学部 教授
保育とカリキュラム編集委員0･1･2歳児研究グループアドバイザー

清水益治
各年齢文例校閲

帝塚山大学 教育学部 教授
保育とカリキュラム編集委員0･1･2歳児研究グループアドバイザー

※所属は2023年1月時点のものです。

著者

保育とカリキュラム編集委員
（各年齢50音順）

0歳児
阿部誠子
塩田智香子
内藤幸枝
濱崎心子
松田七生子
武藤美香

1歳児
東谷由美子
雨堤香菜子
海老澄代
川畑壽美
川東真弓
斎藤三枝
境 万輝
筒井智子
西本佐代子
花咲宣子
前田典子
松山利加
南岡ひとみ

2歳児
上村敬子
氏原雅子
大谷たえ子
岡本由美
河下眞貴子
西岡理惠
畑山美香子
廣葉佳子
古田麻美
三好美佐子
藪口実香
山新田敦子
山ノ井景子
米田光子

※本書は、『月刊 保育とカリキュラム』2018年4月号～2021年3月号掲載の「連絡帳の書き方」から72文例を選び、加筆・修正してまとめたものです。

●カバー・表紙イラスト
Igloo*dining*、Meriko

●本文イラスト
田中なおこ・たむらかずみ・TOFU・
Meriko・やまざきかおり（50音順）

●カバー・表紙・本文デザイン
武田紗和（フレーズ）

●編集協力・校正
中井 舞（一般社団法人 保育・子育てネット）

●企画・編集
三宅 幸・北山文雄

0･1･2歳児　子育てを支える
連絡帳の書き方＆文例

2023年3月　初版発行

監修・編著者　古橋紗人子・藤本員子・田中三千穂・寺見陽子
発行人　岡本 功
発行所　ひかりのくに株式会社
〒543-0001　大阪市天王寺区上本町3-2-14
TEL06-6768-1155　郵便振替00920-2-118855
〒175-0082　東京都板橋区高島平6-1-1
TEL03-3979-3112　郵便振替00150-0-30666
ホームページアドレス　https://www.hikarinokuni.co.jp
印刷所　大日本印刷株式会社

Printed in Japan
ISBN978-4-564-60962-6
NDC376　176P　15×21cm